卓球基礎コーチング教本

公益財団法人
日本卓球協会編

大修館書店

TABLE TENNIS

まえがき

　卓球は、誰もが楽しめるスポーツです。オリンピックや世界選手権のようなトップレベルの競技スポーツとしてだけでなく、レクリエーション・スポーツとしても若年者から高齢者に至るまで幅広い愛好者に支えられています。

　2016年のリオデジャネイロ・オリンピック大会では、日本代表選手団が男子団体銀、男子シングルス銅、女子団体銅という結果で、出場選手全員がメダル獲得という偉業を成し遂げました。また、同年の世界ジュニア選手権大会でも、男子・女子ともに団体優勝、男子シングルス優勝を果たしており、今後の活躍が大いに楽しみです。

　日本卓球協会会長である藤重貞慶は、「この卓球という素晴らしいスポーツを、選手育成と普及拡大の両面で、リーダーシップがとれるようにしていく」と語っています。現在、指導者資格をもっている卓球指導者は約2800人、日本卓球協会の登録会員数は約32万人です。単純に計算すると、指導者一人が約110人あまりを指導していることになります。そこで、指導者の質的な向上を図ると同時に、指導者の数をさらに増やしていくことが、卓球界の発展に大きく寄与することは明らかです。

　本書は、指導者資格（JTTA公認基礎指導者）の取得を希望する方々のテキストとして作成されました。しかしながら、資格取得を希望する方々ばかりではなく、卓球を始めて間もない方々の入門書であり、さらに、指導者としてま

だ経験が浅く指導のノウハウを知りたい方々の入門書ともなっています。また、学校部活動の卓球部の顧問になったばかりで、子どもたちをどのように指導したらよいのかわからない先生方に対しても、役立つ情報を提供する内容となっています。

　本書が大いに活用されて、卓球競技の普及や卓球界の発展に少しでもお役にたてるようなことになれば、執筆者一同にとって望外の喜びです。

　最後に、本書の刊行にあたりまして、編集の労をとっていただいた大修館書店編集部にお礼申し上げます。

2017年1月

公益財団法人日本卓球協会 指導者養成委員会委員長

葛　西　順　一

目次

第1章　チームをつくろう！―卓球部の顧問になったら― ………………………… 1
Q1-1　卓球部顧問になって一番初めに行うことは？ ………… 2
Q1-2　ミーティングはどのように行うの？ ………… 3
Q1-3　練習場はどのように管理するの？―安全管理の方法① ………… 4
Q1-4　床や台の管理の仕方、正しい使用法は？―安全管理の方法② ………… 6
Q1-5　ケガを防止するために気をつけることは？―ウォームアップとクールダウン ………… 8

第2章　技術を知ろう！ ……………………………………………………………… 11
Q2-1　グリップ（握り方）はどのようにするの？ ………… 12
Q2-2　ボールの回転にはどんな種類があるの？ ………… 14
Q2-3　卓球の技術にはどのようなものがあるの？ ………… 16
Q2-4　サービスを出すときの注意点は？ ………… 18
Q2-5　基本的なサービスの出し方は？ ………… 20
　　　［1］フォアハンド上回転サービス ………… 20
　　　［2］フォアハンド下回転サービス ………… 22
　　　［3］フォアハンド横回転サービス ………… 24
　　　［4］バックハンド横回転サービス ………… 26
　　　［5］フォアハンド無回転サービス ………… 28
Q2-6　レシーブとは？ ………… 30
Q2-7　フォアハンド打法とは？ ………… 34

Q2-8	バックハンド打法とは？……36
Q2-9	ツッツキとは？……38
Q2-10	ブロックとは？……40
Q2-11	カットとは？……42
Q2-12	フォアハンドドライブとは？……44
Q2-13	バックハンドドライブとは？……46

第3章 練習方法を学ぼう！……51

Q3-1	初級者向けのフォアハンドの練習方法は？……52
Q3-2	初級者向けのバックハンドの練習方法は？……57
Q3-3	ダブルスの練習方法は？……60
Q3-4	多球練習のやり方は？―効果的な方法と安全管理……61
Q3-5	ゲーム形式練習のうまい回し方は？……64

第4章 練習計画を立てよう！……67

| Q4-1 | 練習など、活動計画はどのように立てればよいの？……68 |
| Q4-2 | 練習メニューの具体例は？……72 |

第5章 指導の考え方を学ぼう！……77

Q5-1	対象に応じた指導の留意点は？……78
Q5-2	フェアプレーの指導方法は？……81
Q5-3	ハラスメントに注意するには？……82

第6章 試合をやってみよう！……85

Q6-1	シングルスの試合のやり方は？……86
Q6-2	ダブルスの試合のやり方は？……88
Q6-3	試合の組合せとタイムテーブルのつくり方は？……90

第7章　大会に出てみよう！ 95
- Q7-1　大会に出るためにはどうしたらよいの？ 96
- Q7-2　ベンチコーチの実際は？ 97
- Q7-3　タイムアウトのとり方は？ 99

第8章　トレーニングとコンディショニングについて学ぼう！ 101
- Q8-1　コーディネーション・トレーニングとは？ 102
- Q8-2　ストレッチングとは？ 106
- Q8-3　スポーツビジョンとは？ 108
- Q8-4　メンタルの重要性は？ 109
- Q8-5　食事・栄養の考え方は？ 110

第9章　道具について知ろう！ 113
- Q9-1　卓球の練習に最低限必要なものは？ 114
- Q9-2　卓球用品はどこで買うの？ 116
- Q9-3　ラケットの基礎知識は？ 118
- Q9-4　ラバーの基礎知識は？ 120
- Q9-5　ユニフォームとショーツはどうすればよいの？ 122
- Q9-6　ボールはどんなものを使えばよいの？ 123
- Q9-7　卓球台・ネット・サポートの基礎知識は？ 124

付録1　卓球指導者資格の概要 125
付録2　平日・休日の練習計画例 130

コラム
- 卓球関連の情報の集め方 ……… 9
- 卓球の経験がない指導者の悩み ……… 15
- ルーティーン ……… 33
- 初心者に起こりやすい技術上の問題と対処法 ……… 48
- 卓球競技の広がり ……… 65
- フォアハンド、バックハンドの重心移動と素振り練習 ……… 66
- 学校部活動 ……… 75
- ジンクス ……… 83
- ライバルをつくる ……… 93
- 競技領域 ……… 100
- 卓球の始まり ……… 111

第1章

チームをつくろう！
―卓球部の顧問になったら―

Q1-1　卓球部顧問になって一番初めに行うことは？

①**新入部員に入部届を出してもらおう**　入部届には、氏名、生年月日、保護者名、緊急連絡先（電話番号）などが必要となります。入部届は、入学時にクラス担任（あるいは部活動の顧問）より生徒に一斉に配布され、担任と部活動の顧問の先生に提出します。生年月日は、日本卓球協会などに登録する際に必要な項目です。また、試合申込時に記入しなければならない場合もあります。

　緊急連絡先は、練習中に発熱・腹痛、ケガをした場合など、顧問の先生（指導者）が保護者に連絡をする際に必要です。ただし、入部届に記載されている内容は個人情報ですから、その取扱いには十分注意するようにしましょう。

②**自己紹介をしよう**　新入生は、顧問の先生が優しい人か怖い人か、丁寧な説明をしてくれる人か粗末な扱いをする人か、大いに気にしています。長いおつき合いになるパートナーですので、自己紹介をおろそかにしないことです。時間をとって、アピールしましょう。

入部届の例

```
                                              平成28年4月15日
                       入部届（顧問用）
 第1年    組    番    氏名 _____
                      保護者氏名 _____ 印
 住所 〒（  －  ）
      _____
 自宅電話 _____ （  ） _____
 生年月日  平成   年   月   日生まれ
 私は卓球部に入部を希望します。
```

Q1-2 ミーティングはどのように行うの？

①伝え方に気をつけよう　卓球部の部員が共通の目標の下に活動していること、また、お互いの考えを理解しあえていることは、チームの運営上においてとても大切な点です。顧問の先生（指導者）は、部員とは立場がまったく異なることから、部員とコミュニケーションをこまめにとることを最優先課題としなければなりません。意思の疎通や共通理解がない状況にある指導者の指示は、部員に「命令」と受け止められ、反発や不信感を抱きかねず、チーム運営上でマイナスとなります。

②ミーティングを有効に使おう　まず年度初めにミーティングを行います（オリエンテーション）。そして、その後少なくても毎月1回、定期的にミーティングを開き、顧問としての考えを部員に理解してもらいましょう。

ミーティングは、チームとしての目標、個人としての目標、短期的・長期的な練習計画、毎月あるいは毎日の練習内容、チームの約束事、学校生活や部活上の注意点など、顧問の考えを部員に説明し、理解を得る絶好の機会となります。

部員は誰しもが「強くなりたい」「上手になりたい」「試合で勝ちたい」という気持ちをもっています。部員間では、年齢はもちろん、立場、価値観、育ってきた環境などが違います。しかし、同じ目標に向かって協力し、お互いを尊重しあい、理解しあえるように努力を積み、共通の理解と認識に立った上で、ともに切磋琢磨していけるようなチームをつくり上げましょう。

Q1-3　練習場はどのように管理するの?

―安全管理の方法①

　指導者は、初心者を楽しく早く上達させることに主眼を置きます。しかし、その前提として、安全および衛生管理を重要視し、部員全員に正しく伝える必要があります。以下に、事故やケガの具体例をあげますので、これらを未然に防ぐための知識を共有しましょう。

①卓球台の取扱いに気をつけよう　卓球場に卓球台が常設してある場合は問題が少ないのですが、他のクラブと交代で体育館を使用するケースも多くあったり、試合会場などで準備する場合もあり、知っておいたほうがよいでしょう。

　最近の卓球台は、安全面で厳重に管理されて設計されていますが、間違った取扱いをしてケガをするケースが見られます。具体的には、台の開閉部や移動のためのキャスター部に安全ストッパーが装着されていますが、これを知らずに、ストッパーが十分に解除されていない状態で無理に移動すると、卓球台が倒れ、作業者や補助者の足を傷つけてしまうケースがよくあります。ストッパーの解除状態を毎回確認するよう部員に周知してください。セパレート式では、片面ずつ運搬せず、コート表面を合わせて一台分をセットにして運搬すると倒れることはありません。一体式では、必ず2人で作業し、収納時に手を挟まないように注意します。

②危険な行為に注意しよう　20数年前のことですが、外国製のバランスの悪い卓球台で小学生が頭部を挟まれ、死亡した例があります。現在、このような一体式の卓球台は、小学生は開閉の操作を一切しないこと、また、大人同士でも必ず2人で操作することが注意義務になっています。最近、外国人選手が台の上に乗ったり、もたれかかったりするシーンが見られますが、これは台が倒れる危険性があり、台の故障にもつながりかねない危険な行為です。国内でも、そのような行為を見かけたら、すぐ止めてください。また、ラケットで台を叩いたり、ドリンク類を台の上に置いたりしないようにしましょう。

一体式

セパレート式

卓球台の正しい取り扱い方

台の上にもたれかからない

台の上にドリンク類を置かない

台をラケットで叩かない

台の上に乗らない

Q1-4　床や台の管理の仕方、正しい使用法は?
― 安全管理の方法②

①台の管理に気をつけよう　特に梅雨時は非常に湿度が高く、卓球台の上も湿気で濡れています。乾燥したタオル等でふき取りましょう。また、誤って水やジュースなどをこぼした場合などは、いったん濡れ雑巾で拭いた後で、乾燥させたタオル等で湿気をとるようにしてください。試合や練習中に、卓球台に汗が飛び散った場合なども、こまめに水分をふき取るようにし、ボールに汗が付かないようにしましょう。

また、ネットが緩んでいないか、普段からチェックするようにしましょう。

②床のコンディションに気をつけよう　卓球場の床は、滑らないことが望ましいです。多少滑ってしまうような場合には、モップがけを徹底する必要があります。

また、卓球場専用のシューズを用意することが大切です。卓球シューズを購入する必要はありませんが、学校の体育館シューズを使用するなどして、床の状態をきれいな状態に保ちます。上履きなどをそのまま使用すると、靴底の砂などが床につき、滑って転倒したりして、ケガにつながることになります。また、割れたボールなどを速やかに拾わないと、破片に乗り、滑ってしまうことがあります。毎日床の清掃をしっかりと行うことが事故の防止につながるので、気をつけましょう。

③台の間隔は十分にとろう　指導者は、狭い場所であっても、一台でも多くの卓球台を設置し、多くの選手に練習をさせたいと思います。その気持ちは十分に理解できますが、左利きの選手がいる場合や、ダブルスのゲームを行う場合など、その技術レベルに応じてという前提がありますが、台の間隔を可能な限り広げるようにしましょう。ケガや事故の予防という意味でも大切なことです。

　また、周辺の障害物にも注意が必要です。バッグ、タオル、ウエアなど床に置く可能性のある用具にも気をつけてください。

④掲示物にも注意しよう　卓球場には、大会日程、練習計画、練習方法、賞状や大会出場パネルなど様々な掲示物があります。紙などは画鋲で止める場合もあると思いますが、それが外れて床に落ちていないか注意が必要です。賞状の額などにはガラスは使用しないようにし、パネルは風などで落下することがないように設置することも大切です。

⑤換気をしっかりしよう　空調設備によって常に快適な環境下で練習できる学校はまだ多くありません。夏は暑く冬は寒い環境で練習せざるを得ない学校

では、暑いときにはこまめに喚気を行い、温度や湿度を少しでも下げ、熱中症対策を行うことが必要です。冬の寒いときに暖房器具を使用する場合にも、寒くても十分に換気を行い、有害物質の少ない環境を保つことが重要となります。

⑥その他の管理　更衣室の整理整頓、着替えの置き場所、ボールやネットの置き場、卓球の情報誌の整頓なども大切です。ゴミの分別・片付けや卓球台の上の清掃などは、下級生の仕事としてやらせる場合も多いですが、練習場は皆で使う場所なので学年に関係なく部員全員で清掃するなど、環境の維持には部員全員で関わるよう指導したいものです。

Q1-5 ケガを防止するために気をつけることは?
―ウォームアップとクールダウン

①必ず時間を確保しよう　中学校・高校での練習は時間が足りず、十分な準備運動の時間をとれない事情もあるかもしれません。初心者は大きなパワーを発揮するプレーは少ないと思われますが、ケガの防止のため練習前にウォームアップ、練習後にクールダウンを行いましょう。

②ウォームアップの例　初心者向けの10分間程度の準備運動を紹介します。なぜウォームアップが必要なのかを事前に説明すると、チーム全体のモチベーションも上がり効果的です。

　1）台の周りを3周程度歩きます。そして、ゆっくり走るようにしましょう。横向きに、あるいは後ろ向きに走る方法も入れるとよいです。数台の卓球台の間をジグザグに走る方法も、身体バランスを整える効果があります。

　2）手首、足首をほぐします。卓球で最もケガの多い箇所が手首と足首です。これを意識し、可動範囲まで伸ばす、あるいは曲げることを心がけましょう。

　3）肩・肩甲骨のストレッチングをします。強いボール、回転のあるボールを打つためには、肩甲骨の動きが大切です（疲労が蓄積すると、肩甲骨周りの筋肉が固くなるので、練習後にもしっかりと肩の周囲のストレッチングを行うようにしましょう）。

　4）股関節のストレッチングをします。強いボールを打つ、速く動く、動きのなかでバランスを崩さないために重要です。

　具体的なストレッチングの方法については、第8章を参考にしてください。

コラム 1

卓球関連の情報の集め方

　競技のルールや公認用具などについては、(公財)日本卓球協会のホームページで、情報が提供されています。

　(公財)日本卓球協会ホームページ
　http://www.jtta.or.jp/

　また、指導者資格の情報については、日本卓球協会の指導者養成委員会より提供されています。指導の参考になるDVDや書籍の案内も掲載されています。

　(公財)日本卓球協会指導者養成委員会
　http://pc.jtta-shidou.jp/

　国際大会・国内大会の最新結果などについては、例えば以下の月刊卓球専門誌を参考にするのもよいでしょう。

　卓球王国
　https://world-tt.com/
　卓球レポート
　http://www.takurepo.com/
　ニッタクニュース
　http://www.nittaku.com/

第2章

技術を知ろう！

Q2-1　グリップ（握り方）はどのようにするの？

　グリップは、卓球の様々な技術をマスターする上で、最も重要な基礎的技術と言っても過言ではありません。ラケットの握りの部分は、削ったり、あるいは他のものを張付けたりして加工してもよいため、実際に使いながら微調整をしていくとよいでしょう。

①シェークハンドグリップ　親指と人差し指の2本で柄の部分をはさむように持ち、中指、薬指、小指の3本で柄の部分を握ります。ラケットの向きや角度の微調整は親指と人さし指で行い、他の3本の指はグリップ部分をしっかりと支え、力を伝える役目を担っています。親指と人差し指の位置、握りの深さにより、フォアハンドとバックハンドの打球のしやすさに違いが出るため、本人の好みで微調整をしながら決めるとよいでしょう。

②ペンホルダーグリップ　日本式ペンホルダーグリップは、親指と人指し指をラケットの表側に出して柄の部分をはさむように持ち、中指、薬指、小指の3本の指は、ラケットの裏側をやや曲げた状態で揃えて支えます。親指でラケットの表側を押さえ、人差し指は柄の先端にかけるようにします。ラケットの向きや角度の微調整、力の加え方は、親指、人さし指、中指の3本がとても重要です。薬指と小指の2本は押さえといった役割を果たします。

　中国式ペンホルダーは、シェークハンドラケットの柄のみを短くした形をしているため、親指と人指し指で押さえるグリップ部分の幅が広く、柄の部分が日本式よりも低いのが特徴的です。親指と人差し指の間隔が広くなるため、裏面の中指、薬指、小指の3本の指を丸めて持つようにしたらよいでしょう。

　裏面にラバーを張って打球するペンホルダーラケットの場合、中指、人指し指、小指の3本の指を伸ばし気味にして、裏面側で打球しやすくします。いずれにしても、親指、人さし指、中指の位置は、目指す戦型によって微調整していく必要があります。

シェークハンドグリップ

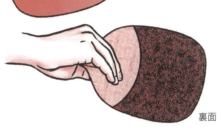

日本式ペンホルダーグリップ

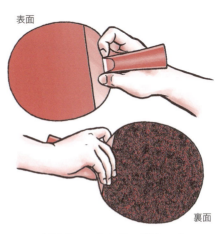

中国式ペンホルダーグリップ

Q2-2 ボールの回転にはどんな種類があるの?

　卓球は、摩擦力と弾性のあるラバーを張ったラケットで、よく弾むプラスチック製のボールを打つため、ボールにはとてもよく回転がかかります。しかも、ボールは丸いために、あらゆる方向に回転が生じます。どのくらいボールに回転をかけられるかは、技術力によって差が出るため、勝敗に大きな影響が出ます。

　ボールの回転は、毎秒で135回転、分速に換算すると何と8100回転にも達します。したがって、強烈な上回転を加えたボールは、空中で急激に沈みます。また下回転のボールは、急激に浮き上がるという現象が生じます。また、ボールの左側に横回転を加えたらボールは右に曲がり、ボールの右側に横回転を加えたらボールは左に曲がります。このようなボールの変化が生じることが、卓球競技の醍醐味でもあります。

　また、無回転に近いボールも使われます。野球にもナックルボールやフォークボールと言われる無回転に近い球種がありますが、複雑に変化しバッターにとって嫌なボールです。卓球でも無回転サービスは有効で、他の回転のサービスと同じようなスイングで無回転のボールを送ると、相手を惑わせて大きな威力を発揮します。

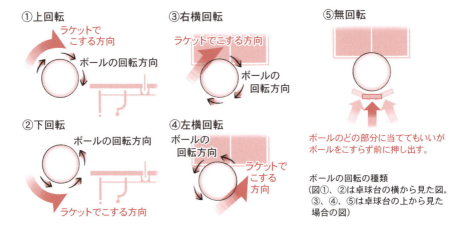

ボールの回転の種類
(図①、②は卓球台の横から見た図。
③、④、⑤は卓球台の上から見た場合の図)

コラム 2

卓球の経験がない指導者の悩み

　卓球の競技経験のない先生が、学校の卓球部活動の顧問になる場合もあるかと思います。そのように自分はできないけれど、教え子たちは何とか強くしてあげたい思いのある先生方にとって、以下のようなことが悩みとなることが多いようです。

・どんな練習をしたらよいのかわからない（だから、生徒まかせの自由練習になる）。
・「回転をかける」要素が入ってくると、何もわからない（サービス、下回転に対するドライブの指導法）。
・何をしたら強くなるのか、具体的な練習方法がわからない。
・練習試合をしたいが、弱すぎて申し訳ない思いからお願いできない。
・具体的な練習メニューがわからない。
・練習メニューを教えてもらっても、それを継続的に指導できない。
・練習メニューのポイントがわからない。
・自分のチームの選手に必要な練習（課題）がわからない。
・自分の学校の練習環境では、教えてもらった練習メニューが実施できない（必要な道具、予算、場所、人数）。

　このテキストは、そのような先生方の助けとなることも意識してつくられています。
　また経験のある指導者の方々は、上記のことを参考にして、悩んでいる先生にアドバイスをしてあげてください。

Q2-3　卓球の技術にはどのようなものがあるの？

　卓球の技術には、主なものとして以下に挙げるものがあります。
①**サービス**　サービスは攻撃の1球目とも言われ、特にシングルスでは好きな場所に好きな回転のボールを送ることができます。フォアハンドサービス、バックハンドサービス、投げ上げサービス、しゃがみ込みサービス、ヤングジェネレーション（YG）サービスなどがあります。
②**レシーブ**　レシーブとは相手のサービスに対する返球のことを言います。レシーブには、フリック、ストップ、ツッツキ、チキータ、ドライブなどの方法があります。
③**フォアハンド**　利き腕側でボールを打球する技術です。
④**バックハンド**　非利き腕側でボールを打球する技術です。
⑤**ツッツキ**　主に台上のボールに下回転を与えて返球する技術がツッツキです。切る・切らない、左右の横回転を与える等の変化をつけることができます。
⑥**ブロック**　ブロックは相手から強打されたボールを返す技術です。ラケットの角度を台に対してほぼ垂直にし、相手のボールの力を利用して返します。
⑦**カット**　ロングボールに対して、下回転を与えて返球する技術をカットと言います。ボールの回転量やコースを変化させてチャンスをつくります。
⑧**フォアハンドドライブ**　フォアハンドで上回転を与える打法です。回転量の多いループドライブや、スピードを重視したスピードドライブ、横に曲がるカーブドライブ、シュートドライブなどがあります。
⑨**バックハンドドライブ**　バックハンドで上回転を与える打法です。バックハンドにもループドライブ、スピードドライブ、カーブドライブやシュートドライブがあります。
⑩**スマッシュ**　ボールを思い切り叩いて打球する技術がスマッシュです。英語のsmashには「粉々に砕く」という意味があり、大きく振りかぶり叩きつけ

ます。
　特に表ソフトラバーを使用する選手は、スピードの変化と打球タイミングの早さで得点が期待できることから、スマッシュ技術をマスターすることが大切です。また、ドライブとスマッシュの使い分けは、トップレベルになるほど大切で、この技術を高めることはとても重要です。

⑪**ロビング**　相手に攻め込まれ卓球台の後方に下がらされたとき、相手の強打などを山なりのボールにして返球する技術をロビングと言います。

　ロビングの技術レベルは、練習すればするほど高めることができます。回転があり威力のあるロビングはそれ自体が攻撃技術とも言え、現代卓球で裏ソフトラバーを使用する選手にとっては必要な技術です。打球の頂点が低い、山なりの軌道を描くロビング技術は、とくにフィッシュとも呼ばれています。

⑫**カウンター**　相手の強打に対して、そのボールを狙い打っていく技術がカウンターです。カウンタースマッシュ、カウンタードライブがあり、フォアハンドでもバックハンドでも打つことができます。

Q2-4　サービスを出すときの注意点は?

①サービスとは　サービスにはフォアハンドサービス、バックハンドサービス、しゃがみ込みサービス、ヤングジェネレーション（YG）サービスなどがあり、それぞれのサービスに回転の量や方向、サービスを出す場所、スピードなどの違いがあります。また、同じサービスでもフェイクモーションを工夫することによって違うサービスに見せるなど、手品をするような面白さもあります。

サービスは一人でも練習のできる技術であり、練習を積むことで、相手の脅威になるようなサービスを出せるようになります。

②サービスのルール　エンドラインより後方で16センチメートル以上ほぼ垂直方向にボールをトスし、落下するボールを打球する等、卓球ルールのサービスの規定の範囲内であれば、シングルスでは（ダブルスの場合はコースの指定があります）自由なコースに自由な回転やスピードのサービスを出すことができます。これが、サービスが攻撃の第1球目と言われる理由です。

1）サーバーは手のひらを開き、ボールを静止させます。

2）卓球台（プレーイングサーフェスは高さ76cm）よりも高い位置で、サーバー側のエンドラインよりも後方から、ボールを16cm以上ほぼ垂直に投げ上げて、ボールが落下する途中を打ちます。その間、レシーバーからボールが見えなくてはなりません。

3）ボールが手のひらから離れたら、すぐにフリーアームとフリーハンドは引いて、ボールとネットの両端を結ぶ空間の外に出します。

4）サービスは、自分のコートにまず第1バウンドをさせ、次にネットを触れることなく越え、相手のコートにバウンドさせます。

③初心者がやりがちなミス　ボールを投げ上げるときに、反動をつけるために卓球台より下にボールを下げてしまうことがあります。これはルール違反で明らかなミスとなりますので、気をつけるようにしましょう。

正しいサービスの出し方
(ボールは16cm以上投げ上げる)

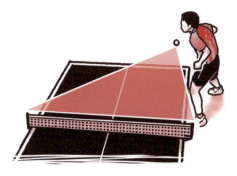

フリーアーム(非利き腕)とフリーハンド
(非利き手)の位置に気をつける

ボールが手の平から離れたら、フリーアーム
とフリーハンドはすぐ後方に引くようにする

反動をつけるために卓球台より下にボールを下げない

Q2-5 基本的なサービスの出し方は?

　サービスでは、相手にレシーブミスをさせるように様々な工夫をします。ボールに色々な方向の回転をかけますが、回転量の変化が大きいと、レシーブでラケットの角度を少し誤っただけでも相手コートに返球できません。

　また、サービスの回転の種類がわかってしまうとレシーブがしやすくなるばかりでなく、レシーブから先手をとられてしまう原因になります。そこで、回転の方向を相手になるべくわからなくするように、サービスのモーションを工夫します。

　ここでは基本的なサービスに限って解説をします。

[1] フォアハンド上回転サービス

　最も一般的なサービスです。

　ラケットの動きは、大小の違いはありますが、打球ボールに対して、下から上方向へとこするスイングとなります。下の図は、ボールを横から見たイメージです。

　大切なことは、打つのではなく「こする」ということです。さらに意識することは、ボールの速さと回転数です。最も受けやすいサービスですので、打球前や打球後にフェイクモーションを入れることが大切です。

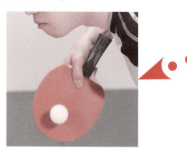

※右の写真では、両選手ともインパクト時点のラケットの角度が上を向いているので、下回転のように見えますが、実際は上回転サービスです。

右・シェークハンド（山本勝也選手）　　　　　左・シェークハンド（平野晃生選手）

21

[2]フォアハンド下回転サービス

　試合全体を分析してみると、80%以上が下回転のサービスです。

　ボールの回転を増やすには、ラケットの先端の動きを速くしなければなりません。まず、床の上での練習がおすすめです。目標は自分のところまで、床の上をボールが戻ってくるように振りの速さを追求しましょう。卓球台に向かって練習すると、まず入れようとする意識が働き、回転が少ないサービスになりやすいためです。ボールをこする瞬間だけ力を入れますが、包丁でキャベツの千切りをつくるように、腕の力を抜いて速さを出してください。

　その次の段階として、こすった瞬間からラケットの面を変えて、下回転サービスではないように相手に見えるフェイクモーションをつけてみましょう。

※右の写真では、両選手とも下回転サービスを出した後、上回転を出したように相手に見せかけるフェイクモーションをつけています。

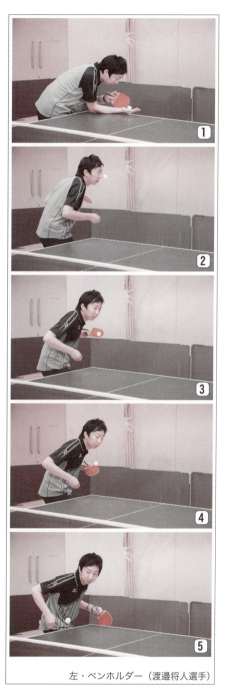

右・シェークハンド（山本勝也選手）　　　　　　　　　左・ペンホルダー（渡邉将人選手）

[3]フォアハンド横回転サービス

　ボールの横をこするため、ペンホルダーラケットもシェークハンドラケットも、ラケットの先端が下を向いた、ラケットをつりさげた状態をつくります。

　ペンホルダーラケットの場合は、人指し指でつった感じです。シェークハンドラケットの場合は、中指、薬指、小指をグリップから離すと、ボールの側面をこすりやすくなります。

　下の図は、ボールを上から見たイメージです（右ききの場合）。ボールは右に曲がりながら飛びます。

　純粋な横回転をかけるためには、ラケットの面を変えないことですが、下方向に振れば横下回転になります。上方向にこすり上げれば、横上回転になります。

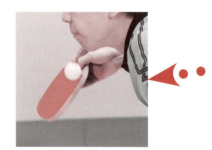

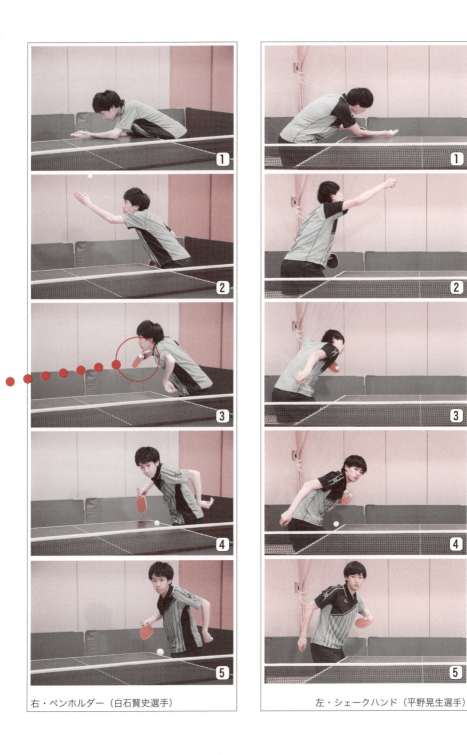

右・ペンホルダー（白石賢史選手）　　　　　左・シェークハンド（平野晃生選手）

[4]バックハンド横回転サービス

　今日では、フォアハンドサービスが9割を占めますが、バックハンドサービスも用いられます。バックハンドはモーションが小さく、相手にとってわかりにくいです。

　下図は、ボールを上から見たイメージ（右ききの場合）です。ボールは、左に曲がりながら飛びます。

　ラケットの面を床に対して垂直にして右にこすると、横回転がかかります。コマを回すようなイメージです。

　ラケットの面を少し上向きにして、斜め下方向にこすれば横下回転になり、斜め上方向にこすれば横上回転に変化します。

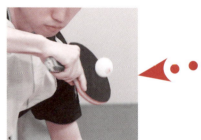

右・シェークハンド（山本勝也選手）

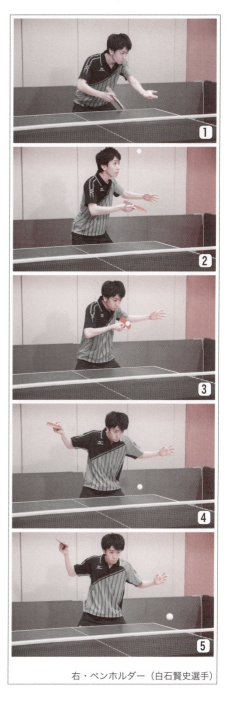

右・ペンホルダー（白石賢史選手）

[5]フォアハンド無回転サービス

　プラスチックボールが使われるようになり、ボールの回転量が少なくなった現代卓球では、このサービスを習得するとバリエーションが増え、有利な展開になります。「ナックルサービス」とも呼ばれています。

　ボールのどの部分でもよいのですが、ラケットの面をあまり動かさないで固定した状態で押すことがポイントです。ラバーの面を動かすと、ボールに回転が生まれてしまいますから注意しましょう。

　下の図は、ボールを上から見たイメージです。

　ボールのどの面でも前方に押すことが大切です。相手がツッツキで返そうとすると、ボールは浮きます。また、相手が強く打てばオーバーミスが出やすくなるサービスです。

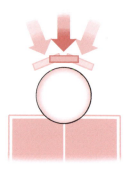
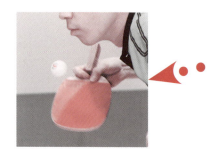

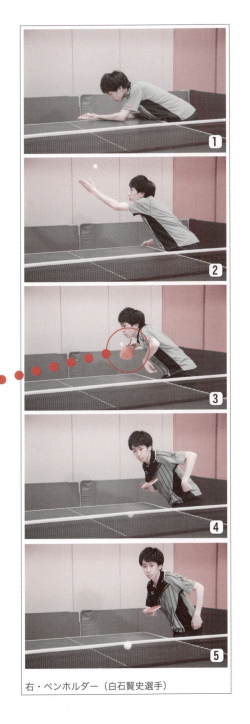

右・ペンホルダー（白石賢史選手）　　　　　左・シェークハンド（平野晃生選手）

Q2-6 レシーブとは?

　相手のサービスに対して返球する技術をレシーブと言いますが、レシーブとは一つの技術を指す言葉ではなく、様々な技術の総称です。ツッツキ、フリック、ストップ、チキータなどのレシーブ技術があり、ボールを切ったり、弾いたり、押したり、流すように使ったり、色々なボールタッチができるように練習する必要があります。

①基本的な考え方　レシーブは、基本的には相手がボールをインパクトする時のラケットの角度と同じ角度で、ボールを当てると返球できます。つまり、ラケットの角度をつくってレシーブする方法です。

　自ら鋭い回転などを与えて返球する方法もあります。フリック、チキータ、ドライブなどでのレシーブ、鋭い回転を与えたツッツキレシーブなどがこれに当てはまります。レシーブを上達させる方法は難しいと言われますが、コツコツとそれぞれのレシーブ技術を磨くこと、あるいは試合に積極的に参加し、様々な選手のサービスをレシーブする体験を積むことがおすすめです。

②具体的なレシーブ方法　ここでは、先に説明したサービスのレシーブ方法を解説します。

　1）　上回転のサービス

　上回転のサービスに対して、上回転でレシーブをします（図1-1）。相手のボールの回転と逆方向にラケットを振ります。また、上回転のサービスに対して下回転でレシーブをします（図1-2）。相手のボールの回転と同じ方向にラケットを振ります。ただし、相手の回転に負けないほどのスイングの速さが要求されます。

　2）　下回転のサービス

　下回転のサービスに対して、下回転でレシーブします（図2-1）。また、下回転のサービスに対して、上回転でレシーブします（図2-2）。ただし、相手

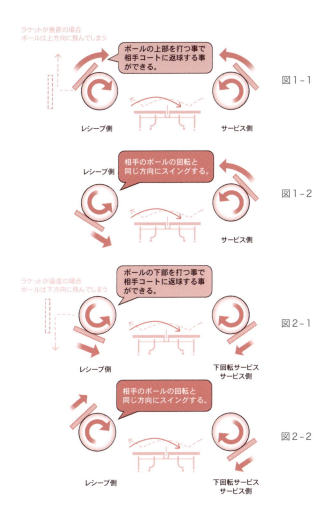

図1-1
図1-2
図2-1
図2-2

の回転に負けないほどのスイングの速さが要求されます。

3）　フォアハンド横回転サービス

　右利き選手のサービスの場合、右回りの横回転がかかります。左側へ曲がりながら飛んでくることを頭に入れた上でレシーブをします。(1)自分から見てボールの右側をこすっているかを見て、左側へ曲がりながら飛んでくるボールの右側の面を当てて打つようにします（図3-1）。(2)相手がかけた右回りの横回転のサービスに対して、左へ曲がりながら飛んでくるボールの左側の面を強

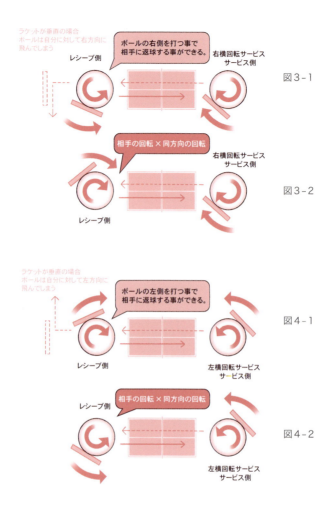

く回転をかけて打ちます(図3-2)。

4) バックハンド横回転サービス

右利き選手のサービスの場合、左回りの横回転がかかります。(1)自分から向かって見て相手がボールの左側をこすっているかを見て、飛んでくるボールの左側の面を当てて打つようにします(図4-1)。(2)相手がかけた左回りの横回転のサービスに対して、右へ曲がりながら飛んでくるボールの右側の面を強く回転をかけて打ちます(図4-2)。

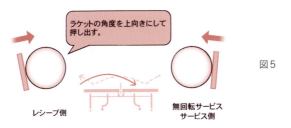

図5

5） 無回転サービス

ラケット角度を床に対して垂直より少し上向きにして、少しこするようにして打ちます（図5）。

コラム3

ルーティーン

　ルーティーンとは、「決められた一連の動き、または動作。スポーツでは、型にはまった一連の動作」ことを言います。

　代表的な例として、米大リーグ野球のイチロー選手のバッターボックスに入る前や打つ前に、バットを動かす一連の動作や、球場には時間を決めて仲間より早く入って準備する行動などが思い浮かびます。

　また、ラグビー選手である五郎丸選手がキックの前に両手を合わせるあの独特の動きやステップなど、一流の選手は必ずと言っていいほどルーティーンを行います。

　これは、メンタル面で平常心を保つ働きを、同様な動作をすることで体現しているものと考えられます。同じ動作を繰り返すことで集中力を増したり、心を落ち着かせたり、また自己暗示をかけ成功イメージをつくり出すために実施しているのです。

　いわば多くの儀式と同様、特別なイメージ空間をつくり、成功への思考に導くスタートでもあり、また成功を意識させたりするプロセスに近いものであるように思います。

Q2-7　フォアハンド打法とは?

　利き腕側でボールを打つことを、フォアハンド打法と言います。

　フォアハンド打法には、軽い上回転をかけて打つロング打法、ボールに強い上回転をかけて打つドライブ打法、上回転をかけずに主にボールを押し気味に打つミート打法、台の外側で下回転をかけて打つカット打法、台上で下回転をかけて打つツッツキ打法、全力強打のスマッシュ打法、台から遠く離れて大きく弧を描き、上回転をかけて打つロビング打法などがあります。

　戦型が違っていても、どの打法も卓球のゲームでは必要となる技術なので、1つずつ時間をかけてマスターしましょう。1つの技術を完成させるためには、たくさんの時間と根気が必要です。すべての技術をバランスよくマスターすることを心がけましょう。

　1つだけの技術を長時間かけて練習した場合、片方の下半身、あるいは上半身を使うことになり、それが腰痛や疲労骨折の原因となっていることが、過去の例でも見られます。たとえば、フォアハンドを10分間練習したら、バックハンドの練習も10分間行いましょう。両ハンドの練習をバランスよく行うことが、ケガや故障を防ぐことにつながります。

　フォアハンドとバックハンドの切り替えの練習では、多球練習でボールの球質やスピード・タイミングを変えて、様々なパターンで打球することも大切です。

　右の写真はフォアハンドロング打法です。フォアハンドロング打法は初心者が初めに身につけるべき技術ですので、十分に練習しましょう。

右・シェークハンド（山本勝也選手）

左・シェークハンド（平野晃生選手）

Q2-8　バックハンド打法とは?

　利き腕の反対側でボールを打つ打法を、バックハンド打法と言います。

　バックハンド打法には、軽い上回転をかけて打つロング打法、ボールに強い上回転をかけて打つドライブ打法、上回転をかけず、主にボールを押し気味に打つミート打法、台の外側で下回転をかけて打つカット打法、台上で下回転をかけて打つツッツキ打法、全力強打のスマッシュ打法、台から遠く離れて大きく弧を描き、上回転をかけて打つロビング打法などがあります。

　バックハンドの場合、体の利き腕でない方の側の動きが一部制限されることから、肩と肘の可動範囲が狭められます。そこで、ある一定の打球点をとらえて打球することが必要になります。特別に時間をかけて練習することが必要です。

　オールフォアハンドの卓球が理想とされていた時代（数十年前）もありましたが、用具が良くなり技術も発展したスピーディーな現代の卓球では、フォアハンド技術だけで対応することは不可能であり、バックハンドロングをはじめとした様々なバックハンド技術をいかに上達させるかが課題となっています。

　特にペンホルダー裏面打法を使用するプレーヤーは、多球練習を主体とした練習をすることが必要でしょう。

　右の写真はバックハンドロング打法です。バックハンドロング打法は初心者が初めに身につけるべき技術ですので、十分に練習しましょう。

右・シェークハンド（山本勝也選手）

左・ペンホルダー（渡邉将人選手）

Q2-9　ツッツキとは?

　ツッツキとは相手のボールを台上でカットし、下回転をかけて返球する技術です。

　バウンド直後に手首をあまり使わず、肘を支点にして振り抜きます。ツッツキはバックハンド、フォアハンドともに台上で行う技術なので、足をしっかりと踏み込み、なるべく体の近くで打球するように気をつけなければなりません。

　ツッツキはレシーブのなかでも安全で使用頻度が高い技術ですが、相手に対してプレッシャーをかけにくい技術です。ただ当てて返球するのではなく、しっかりと回転を加え、相手に十分な体勢で攻撃させない工夫が必要です。強い下回転のツッツキでレシーブすることができれば、相手にドライブをさせてカウンターを狙うこともできるなど、戦術の幅が広がります。

　また、横回転で相手コートのサイドラインを切っていくようなツッツキレシーブをすることで次球を待ちぶせして攻撃できるばかりでなく、回転に変化が付き相手のミスを誘うこともできます。

　さらに、通常はバウンド直後をとらえて打球しますが、あえて打球点を落として打球することで相手のタイミングを崩すこともできます。

　ツッツキは守備的な技術と思われがちですが、回転やコース、タイミングを変化させるなどの工夫を加えることで攻撃的な技術にもなります。特に、女子選手はツッツキの使用頻度が高くなる傾向があるので、常に工夫を加えることが大切です。

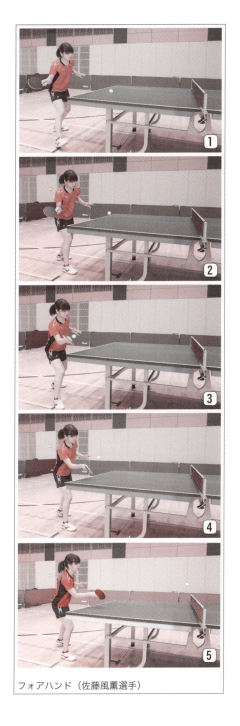

フォアハンド（佐藤風薫選手）　　　　　　　　　　バックハンド

Q2-10 ブロックとは?

　ブロックは、相手の強打や強ドライブに対して返球するためにラケットの正確な角度をつくり、ほぼ当てるだけで返球する技術です。

　相手のボールに威力がある場合、ボールは大きく弾み、コートをオーバーします。このボールを相手のコートに返球するためには、ボールが弾む距離を自分でコントロールできる能力が必要です。つまり、ラケットに加える指の力を調節し、力をあまり入れすぎないことを意識してください。

　一般的に、中学生の選手の多くは、脱力できずに、常にボールに力を加えて打つことしかできないようです。現在の日本のトップレベルの選手では、幼少期よりブロック技術に長けている、ボールをコートに入れる能力が高い選手が多いと言われています。

　フォアハンドブロックは、リラックスした前傾姿勢でボールの頂点あたりをインパクトすると安定したブロックとなります。完全にラケットを止めた状態だと体が硬くなって微調整ができないので、インパクト時はラケットを少しだけ前に押し出すイメージでブロックするのが、最も一般的な方法です。

　バックハンドブロックは、体の正面でボールの軌道の頂点か頂点前のタイミングで、ラケット面をボールが入る角度に調節、正確に打球することが大切です。

　ボールが当たるまでリラックスし、やや前傾姿勢でボールを待ち、インパクト時は少しだけラケットを前方向に押し出すイメージで打球します。

フォアハンド（山本勝也選手）

バックハンド

Q2-11　カットとは？

　カットは、台から距離をとり、下回転をかけて相手コートに返球する技術で、対戦相手にとっては攻撃しづらいボールです。このボールを多用して試合を行う選手のことを、カット主戦型選手やカットマンと呼びます。

①**基本技術**　フォアカットは、肘を肩より上に上げるような感じでラケットを頭上に大きく振り上げ、肩を支点にして下に勢いよく振り下ろします。その際、手首を極端に内側や外側・下側に曲げたりせずに、ラケットをまっすぐに立てるイメージでスイングすることが大切です。基本的な動作として、左足は少し前に出して構え、右足を飛んでくるボールの延長線上において踏ん張り、身体の前面でボールをとらえるようにすると力負けしません。

　バックカットは、肘を胸に沿わせるようにして高く上げ、ラケットが耳の近くまで上がるようにします。肘を中心にして振り下ろし、身体の線に沿うようにスイングします。その際、手首をまっすぐにして極端に曲げすぎないようにします。基本的な動作として、右足を少し前に出して構え、飛んでくるボールの延長線上に左足をおいて踏ん張り、前にラケットを送るようにスイングすることを心がけます。

②**カット主戦型選手のラバー**　表面と裏面で性質の違うラバーを使用する場合が非常に多いです。最初は、下回転をかける（切る）感覚や基本技術を習得するために両面とも裏ソフトラバーで始めて、ある時点で裏面側をツブ高ラバーや表ソフトラバー、アンチスピンラバー等に変えるとよいでしょう。

③**競技力を高めるために必要なこと**　まず、カットそのものの安定性と切れたボールが出せることが大切です。その上で回転の量や質の変化を高めたり、守備範囲を広げたりすることが必要です。また、ツッツキの技術も同様に重要であり、安定性、変化、コントロール等を高めて強打されないようにすることも大切です。そして、攻撃選手にも負けない攻撃力を身につければ、申し分なく活躍できる選手になれるに違いありません。

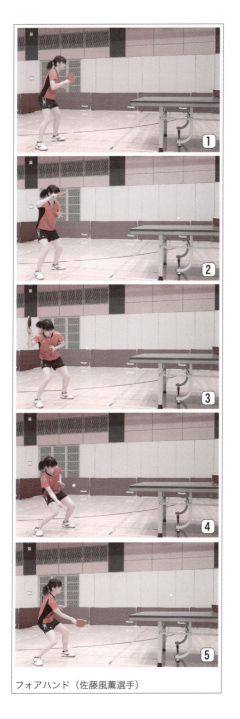

フォアハンド（佐藤風薫選手）

バックハンド

Q2-12 フォアハンドドライブとは?

　フォアハンドドライブは、フォアハンドロングに比べて、上回転が多くかかるようにボールをはじくと同時に、こする動作を加えて打球する技術です。

　ボールが上回転による空気抵抗のため急激に沈むので、ボールが安定してコート内に落下します。

　リオデジャネイロオリンピックで男女ともに団体金メダルに輝いた中国では、ドライブ打法を最も重要な技術と考えているようです。

　フォアハンドドライブには様々な球質のものがあり、球速・回転量とも多いパワードライブ、上回転系のボールに対し球速の速いスピードライブ、主に下回転のボールに対し球速は遅いが回転量の多いループドライブ、などがあります。

　フォアハンドドライブは、体全体を大きく使ってスイングすることにより威力のあるボールを生み出すことができます。スマッシュよりも多少得点力で劣りますが、威力のあるフォアハンドドライブは重要な得点源になります。

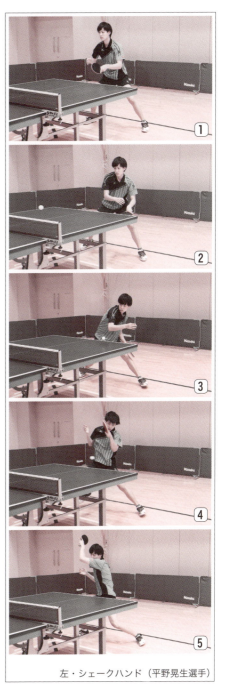

右・シェークハンド（高田直騎選手）　　　左・シェークハンド（平野晃生選手）

45

Q2-13　バックハンドドライブとは?

　体のバック側に来たボールに対して、バックハンドで上回転のかかったボールを打つ技術をバックハンドドライブと言います。フォアハンドに比べ、肘を中心としたコンパクトなスイングになるので、打球点も高く安定して返球することができます。チャンスをつくって、フォアハンドドライブにつなげる技術としても重要です。

　フォアハンドドライブほどの回転量やスピードは望めませんが、トップレベルの選手ではそれに近いものが追求されます。コースを自在に打ち分けること、コートの前でも後ろでも自在にボールをコントロールできる選手をめざしましょう。

　技能の習得に関しては、前腕をひねる力を効率よく使うことができるかどうかが、ポイントとなってきます。

　バックハンドドライブは、下回転のボールに対して回転量の多いループドライブ、上回転系のボールに対してカウンター的な強ドライブなどの使い分けができるようになることも大切です。

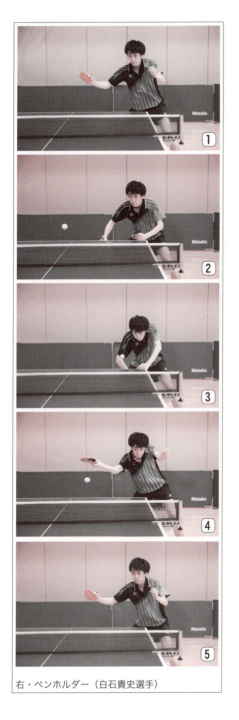

右・ペンホルダー（白石貴史選手）　　　　　右・シェークハンド（高田直騎選手）

初心者に起こりやすい技術上の問題と対処法

①空振りしてしまいます

　まず初めに、相手から戻ってくるボールの回転によって、ボールの弾み方が変化しますので、それを頭に入れましょう。

　［１］上回転のボールは、自分のコートでバウンドした後に伸びます。
　［２］下回転のボールは、自分のコートでバウンドした後に戻ります。
　［３］相手がボールの横をこすると、飛んでくるボールは横に曲がります。

　ボールの飛んでくるコースとボールの速さ、バウンドをしっかり見ましょう。

②サービスがうまく出せません

　まず、ボールに下回転をよくかけるために、床の上で自分のところにボールが戻ってくるようにこする練習をします。左に曲げたり、右に曲げたりする練習をします。ボールのどこをこすれば、どうなるのかを目で確認します。

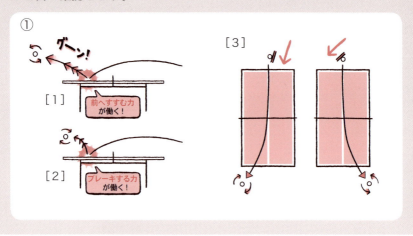

コラム4

　次にボールを上げて打つタイミングをつかみます。自分の胸の高さにボールをほうり上げ、腰の高さ（約76cm）でキャッチしてみましょう。

　ボールが垂直方向に上がらない場合は、ボールを乗せた手の平が、床と平行になるよう保ったまま、ほうり上げるように意識しましょう。指先が上がると、ボールが自分の身体のほうへ来てしまうし、指先が下がると、ボールが身体から離れてしまい打ちにくくなります。

③ツッツキにミスが出ます

　体の前で打球しますが、肘が90度以内ではネットまでしかとどきません。肘の角度が120〜160度ぐらい伸ばしたところ（一番力の入るポイント）で、打球しましょう。体との距離が近すぎると、ミスが出ます。

④足が動きません

　ゆっくり打ち合う場面だと、手を伸ばしたり身体をひねるだけで、ボールを打てます。そのような場面もありますが、ゲームでは、足を動かす基本的なフットワークが必要です。足を動かさないと打球できない条件をつくり、練習しましょう。

第3章

練習方法を学ぼう！

Q3-1　初級者向けのフォアハンドの練習方法は？

　フォアハンドをはじめとする卓球の様々な技術は、卓球競技で決められている独特のルール、例えば、「公認されたラケットやラバーを使用し、縦274cm、横152.5cm、高さ76cmの卓球台、センターには15.25cmのネットがあり、自分のコートにワンバウンドした40mmのプラスチックボールを相手コートへ返球する」等のルールに合理的に対応したものです。

　スポーツはすべて、その競技の特性やルールに適応した体の動きの習得が必要です。卓球でも卓球競技の特性に順応した合理的な身体の使い方を習得することが必要となってきます。非日常的な独特な動きであるため、様々な練習によって技術を身につける必要があります。

　フォアハンドは、卓球競技において最も重要な技術の一つであり、その習得はとても大切です。

①ラケットとボールの関係　ボールを打球する上で、一番効率の良い打ち方は、ラケットを天井方向に向けボールを真上に打つことです。卓球のフォアハンドにおいても、この効率を最大限に活用しボールを打球する方法が基本です。

　正しいグリップを覚えた上で、まず、ラケットをどのように使ってボールに力を伝えるかが課題となります。

　ボールを真上に打ちなさいと指示した場合に、子ども達は意外にボールの打ちやすい位置で打球し始めますが、この位置が大切です。利き腕を顔の前に持っ

てくると同時に、身体からも近すぎず遠すぎずの位置が大切です。

②ラバーを張らない板のままのラケットを使用した打球　最近のラバーの性能はすばらしいものがあります。しかし、ラバーに頼った打球方法より、まずは板でしっかりとボールを飛ばす感覚を身につけるために、ラバーの張ってないラケットを使用し打球することをおすすめします。表面が木材では摩擦力を利用した打法が使えないので、ラケットとボールの打球角度が適切でないとボールを相手のコートに飛ばすことができません。

そのような状況を利用して、一番効率の良いラケットとボールの関係を身につけることができます。最初に、板のままで打たせ、次にラバーを張って練習させると良いでしょう。ラバーを張るとボールが良く飛ぶようになりますが、ラケットの面を多少下向きに調整させつつも、あくまでもボールをしっかりと打たせることが初歩の段階では大切だと思います。

〈具体的な練習方法〉

[第1段階]　ミスせずラリーを続ける

大切なことは、力加減、打球点、打球のタイミングの3点であり、この理屈が理解できると、すぐに10本、30本とノーミスで続けられるようになります。

①力加減　初心者・初級者には、力の入りすぎが多く見られます。力の入る要因として、飛んでくるボールの威圧感、ボールを打たなければという意識、緊張などでしょうか。どんなスポーツでも、「力を抜いて」という声かけは多いですが、実際には大変難しいものです。そこで、力を入れないでラリーをする「ミニラリー」(次ページを参照)をおすすめします。選手は、そっとタッチするだけでボールは飛ぶということを発見します。そこから通常のフォアハンドラリーへと進んでいきます。

②打球点　次ページのタイミングとも共通しますが、初心者・初級者は同じポイントでボールがとらえられません。それは①で説明した余分な力と同様に、余分な(不要な)体の動きがあるからです。そこで動きを止める目的で、「フリーハンド添えフォアハンド練習」をおすすめします。卓球台に手をつき体を動か

フォアハンドのミニラリー

通常のラリーへ

さず、目の位置も変えないで、いつもエンドライン上でフォアハンドを打ちます。指導者が多球練習で行うと効果が早く出ます。

③**タイミング**　打つボールが左右にそれてラリーが続かないのは、打つタイミングが早かったり遅かったり、打球時の準備ができていないことが原因です。

　打球のタイミングを覚える方法としては、視覚によるものと聴覚によるものがあると思います。視覚で打球のタイミングを教える場合、ボールがバウンドした後、頂点よりやや下がったところを打球することから覚えるとよいです。聴覚的には、「ピンポン」のリズムを音で聴かせ、同じようなリズムで打球するよう指導するとよいです。

　少し速いボールには早めの準備が必要で、そのために「バックスイングの引き始め」を意識させます。相手の打球したボールが相手側のネットを超える前に、ラケットを引いて（バックスイングをはじめ）スイングをします。また指導者

側の台の端に、赤面のラケットを置いて、その方向を狙わせると、ボールが近いところに戻って来たときは、うまくタイミングがとらえられたことになります。

　[第2段階]　コースを打ち分ける、フォームの大小を使い分ける

　次は、いろんなコースに打てるようになり、強く打球できることが目標です。

④コースを打ち分ける　5コース（フォアクロス、バッククロス、フォアストレート、バックストレート、ミドルストレート）を20本ノーミスで続けましょう。選手同士で制限時間を10分として、20本続いたら次のコースに移行して早く5コースを達成する競争をさせてもよいです。

　はじめはスタンスの角度を変えて打ちやすく構えることから入り、5コースともできるようになったら、徐々に体のひねりで角度をつくることに進んでいきます。1つのコースが続かないといって、いつまでも同じコースを練習するより、クロス、ストレート、ミドルクロスの3つのコースへ打ち分ける練習をしたほうが効果的なこともあります。

⑤強打　一定のラリーが続くようになったら、強く打つことに挑戦します。力の入れ具合、スイングの大きさを臨機応変に変えられることは、フォアハンド上達の重要ポイントです。注意するべきことは、スイングは通常より大きくすること、打球の時だけ力を入れる（打球時にじゃんけんグーをする感じで）ことです。強く打とうとすると、はじめから力んでいることが多くなります。

　まずは重心移動に注意します。ボールを打ち始める時期から、これを強調する場合もありますが、力の入れ方、打つコースのコントロールができてからのほうがよいです。強くしっかり打つための重心移動をマスターしましょう。先ほどの第1段階③で説明したバックスイングを引く練習に加えて、バックスイングを引いたときに左足を上げ、打球時に上げた左足が着地するようにします。またバックスイングを引く際に、右肩と右腰のひねりを使うことも意識します。

　強打も2通りの練習があります。1つは「スマッシュ」です。小学生や中学生の男子などはスマッシュをしたくて仕方がありません。指導者は、ボールを高くトスして打ちます。選手が高いところをとらえているか、スイングの方向をチェックします。指導者が3個連続してトスして選手が3回強打する練習は、

戻りの意識から力が抜けて早く上達することもあります。選手同士でフォアハンドを2本打ったら、3本目に強打するなどの練習もするとよいでしょう。

　もう一つは「ロングラリー」です。台から5mほど離れた位置からボールを打ちます。はじめは初級者同士ではラリー練習ができないので、指導者が大きくボールを送ってあげるとよいです。ミニラリーとは違い、体全体を使わないとボールが飛ばないことがわかります。右足で蹴る場合（右利きの場合）、右腰から左耳付近までラケットを大きく一気に振れているかをチェックします。少しできるようになったら、選手同士で3往復の目標ラリーをチャレンジさせます。

［第3段階］　回転をかける

⑥ドライブ打法ができる　フォアハンドの場合、上回転、強い上回転を与えることは必須です。打球の安定、打球パワー、対下回転などのためです。回転をかけるとなると、また力みが発生します。打球時に斜め上方向へなどと考えると不要な力が入ります。そこでボール投げ、ドライブトスの打球練習をして、上回転で打つ理論を理解し、下回転のボールを多く打つ練習をしてマスターしていきます。

⑦ボールの横に回転を加える　ほんの少しでよいので、ボールの横面をとらえることは、コースの打ち分け、安定性を高める上で効果があります。フォアからフォアストレートへ右回転、クロスへ左回転を少し入れる練習をします。⑥の下回転と合わせて打てるようになると、回転ボールを打つことに自信がついてきます。

［第4段階］　絶対にミスしないブロックを身につける

　相手の打ったボールに対し、強く返球できないケースがあります。その場合には壁のように相手の打球の力を利用し、当てるだけで返球します。自分から打球していくよりミスは少ないです。

　指導者が強いボールを送って、ボールの速さに慣れさせます。次に選手同士で、一方が強打し、それをブロックで返球してラリーをします。ラケットは高い位置で、バックスイングはとらない、角度を合わせる、体・顔が逃げないことなどに注意します。

Q3-2 初級者向けのバックハンドの練習方法は?

　バックハンド技術とは、自分の左側に来たボールを処理する技術（右ききの場合）です。自分の体の前、体の近いところで打球するので、フォアハンドに比べて比較的コツをつかめるのが早いといえます。ゲームでは、バックハンド系（バック系）の技術を使うケースが多いので大切です。

　バック系の技術は、グリップと肘の位置が重要です。ペンホルダーの場合、グリップは親指をラケットから離し、人差し指と中指でラケットを挟むようにすると角度を出しやすいです。

　一方、シェークハンドは、親指を少しラケット面の中央に移すと安定します。肘の位置は少し前に出して構え、ラケット面と自分の胸・腰の向きが狙った方向に向くようにします。初心者の場合は、体の向きが悪いことが多いです。また、右利きの場合、右足が左足より前にきて、体が相手の方向を向かずに左を向いていることが多いので、肩、胸、腰、膝、両足のすべてが打球方向に向いているように指導しましょう。

〈具体的な練習方法〉
［第１段階］ミスせずラリーを続ける
　フォアハンドと同じように、力加減、打球点、タイミングの３点が重要ですが、特に打球点を意識させましょう。

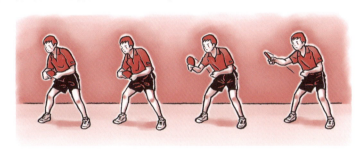

①**打球点**　フォアハンドは、自コートのエンドラインから自分の腰付近の間くらいで打球しますが、バック系技術は、自コートの中（エンドラインより内側）で打球します。

顔を打球点に近づけ、体の中央の位置（両目の間）、ネット上部の白い部分の高さでボール

バックハンドのミニラリー

をとらえるようにすると打球しやすくなります。ボールがバウンドしてネットより高い位置になると、ラケット面が上を向いてうまく打てません。

②**力加減**　フォアハンドと同じように、力を入れないでラリーをする「ミニラリー」からスタートすることをおすすめします。ボールがバウンドしてすぐの高さをとらえて、まっすぐ飛ぶ角度を出すことで、良い打球点をとらえることが早く覚えられます。強く打球するとラリーが続かないので、力加減を調整します。

③**タイミング**　よい打球点をとらえ、よい角度が出せるようになったら何本かはラリーが続きますが、30本、50本とラリーが続けられるようになるにはタイミングのとり方をマスターする必要があります。速い・遅い、強い・弱いなど様々な相手ボールに対して体の前で速く対応しなければならないので、タイミングのとり方は大切です。練習時に必ずバックスイング（ラケットを引く）をとることを徹底します。「ラケットに当てる」から「ボールを打つ」感覚で、1球1球微調整して引いて打つことがポイントです。指導者が少し強弱をつけたボールを送ると良いです。

[第2段階] コースを打ち分ける、フォームの大小を使い分ける

次は、いろんなコースが打てるようになり、強く打球できることを目指します。

④**コースの打ち分け**　バックハンド対バックハンドの練習では、ミドルコースの白線を目標にしたラリー練習をおすすめします。打球したボールが多少コースを外れても、お互いが上体の微調整で反応・対応することができます。

またスタンス（体の向き）が台のエンドラインと平行になりやすいので、早くコツをつかめます。

　ミドルコースの次は、バッククロスのコースでバックハンド対バックハンドの練習に入ります。この場合、バッククロスの対角線より左右にコースが外れた相手ボールに対し、膝を使って上体を微調整したり、どちらかの足を半歩動かして、自分の体の中央で正確に打球するようにします。

　バックハンド対バックハンドの練習の次は、相手にフォアハンドで打ってもらい強いボールに対するバックハンド技術を習得します。相手ボールのスピード・回転の強弱に対して正確な角度を覚えます。相手のバックサイドからとフォアサイドからの２コースを練習します。

⑤**強打**　一定のラリーが続くようになったら、強く打つことに挑戦します。ペンホルダーではプッシュと呼びます。力の入れ具合、スイングの大きさを臨機応変に変えられることは、フォアハンド同様、ゲームで優位に立つために重要なポイントです。フォアハンドと違い、バックハンドでは体全体を使った大きいスイングは難しいので、バックハンド強打は決定球というよりチャンスをつくる準備球と考えましょう。初心者ではスイングを大きくすることに意識をおきすぎて、肝心の打球時に力が伝わっていないことが多いので、インパクト力が強くなっているかをチェックすることが必要です。

　［第３段階］　絶対にミスしないブロックを身につける

⑥**ブロック**　ゲームになると相手の強いボールに対し、十分なスイングで返球できないケースも多く見られます。その場合には、ミスしないように、とにかくブロックで返球する技術も必要です。強いボールに対するブロックでの返球は、相手の体勢が十分でない場合、逆に優位になることもあります。

　初心者は、慣れていない強いボールを怖がり、顔や体が逃げます。まずは多球練習で指導者が強いボールを送り、ボールの速さに目を慣れさせます。角度を合わせ当てるだけで返球できることを覚え、恐怖心がなくなれば、上達も早くなります。そしてラケットに当てるだけから、打球時に少し押し出す、また返球コースも狙えるようになれば、逆に得点武器となります。

Q3-3　ダブルスの練習方法は？

　卓球のダブルス競技では、2人が必ず交代でボールを打つようにルールで決められています。一人が連続して打つことは認められていません（他の競技では交代で打たなくてもよいものがあり、例えばテニスとバドミントンでは、一人がいくら連続して打っても大丈夫です）。

　卓球のダブルスでは、自分の調子がとても良くて勢いに乗っていても、その勢いをさらに加速させることができるかどうかは、パートナーの選手次第です。パートナーが、チャンスボールが返ってくるようにサポートをしてくれれば、自分が決定球を決めることができます。

①動きのポイント　ダブルスの動きのポイントをまとめると、以下の2点になります。

　1）自分が打球後に動き、パートナーが打ちやすい空間をつくる。
　2）パートナーの打球に応じ、最適な位置に自分が動く。

　パートナーと2人で、どのような条件でも打球ができるように練習しましょう。そのためには、ボールをたくさん使う練習（多球練習）を用いることです。

　多球練習の方法については、次のページで細かく説明していますので、参考にしていただきたいと思います。

②打球後の動きを意識付けする　最も大切なのは、打球後の「動き」です。自分がサービスやレシーブをした後、その場に動かずにいると、自分のいる位置に相手が返球してきた場合、パートナーが打てなくなります。これは、結果として、パートナーの邪魔をしたことになります。

　自分が動かないと、あるいは動けないと失点につながる、これがダブルスの宿命です。

Q3-4　多球練習のやり方は?

― 効果的な方法と安全管理

　多球練習は、基本技術や新しい技術を身につける場合に、非常に有効な練習方法です。また、実際の試合で出現するラリーのパターンを部分的に切りとり、システム練習を行う場合にも最適です。できるだけ多くの実践的なパターンを想定して練習メニューをつくり出しましょう。さらに、瞬発力や持久力を高める上でも非常に有効です。

　具体的な方法については、次のとおりです。

①**準備するもの**　　以下のものを準備して下さい。

・練習球（1台10ダース程度）

・送球用のカゴ（できれば卓球台の高さ程度の足つきの物、机等の上にカゴを置いてもよい）

・タイマー（キッチンタイマー等）

・集球ネット（打ったボールを受け止めるもの。市販の物もあります。）

・ボール拾い用の網（虫とり網などでもよい）

②**練習の方法**　　練習時間は、1パターン1分間程度が目安となります。3人1組で行うのが効率的です。全員が送球できるに越したことはありませんが、3人のうち1人は初心者の場合でも、2人送球ができれば初心者は練習とボール拾いということになります（次ページ上図）。

　また、初心者が半数以上の場合でも、3人が送球できれば、卓球台を2台使用して総勢5〜8人位までは十分な練習が可能です（次ページ下図）。

③**効果的に練習するために注意すること**　　正しい技術を身につけるためには、適切な回転やスピードで送球することが大切です。例えば、通常の基本的なフォアハンドロングの練習をする場合等には、無回転や横回転での送球にならないように注意します。

卓球台1台での多球練習の動き方

中上級者のAさんとBくんは交替で送球係を担当。
初心者のCちゃんは送球はできないので、
Cちゃんは練習と球拾いをしましょう。

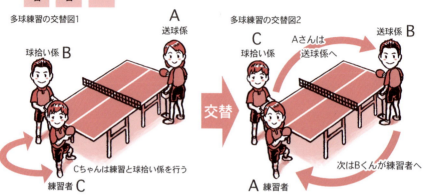

卓球台2台での多球練習の動き方

中上級者のAさん、Bくん、Cくんは交替で
2台の送球係と自分の練習を行い、
初心者のD、E、Fちゃんは練習と球拾いを行う。

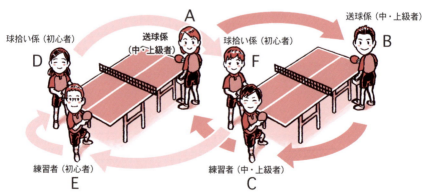

※上のイラストは選手の区別をつけやすくするために、顔の向きを正面にして描いています。

3～5球のシステム練習を組んだ場合は、基本姿勢に戻ってから出すなどの配慮も必要です。送球するピッチや回転、タイミング、スピード等についても同様であり、練習者のレベルや目的に応じた球質で送球します。

　練習者が打球しながら、「もう少し強く」とか「もっと回転かけて」などとリクエストするとよいでしょう。自分の練習の目的を送球者に伝えることで、より効果的な練習となります。送球者も「頑張れ」「ナイスボール」などと声掛けをすることで、練習者の集中力や意識も上がり、さらに効果的な練習となります。

　「仲間を上手にしてあげることが、自分が上達する近道である」と考えることが重要です。

　最後に、足元のボールは、できるだけこまめに拾っておくことが大切です。そのことが、ケガや事故の防止につながります。練習者の足元のボールを拾おうとした瞬間、練習者が網を踏んで滑ってケガをする可能性もあるので、ボールの拾い方の指導も重要です。

Q3-5　ゲーム形式練習のうまい回し方は?

　ゲーム練習は、最も楽しい練習の一つです。上手に取り入れることによって、練習の成果を確認できたり、たとえ疲れていても、もうひと頑張りできたりするので非常に有効な練習方法と言えます。その方法をいくつか挙げてみます。

①ゲーム練習の移動の仕方　簡易ゲームなどでよく行われるアップダウン形式の場合です。全員が台に入る場合は、勝者が上位の台へ移動し、敗者が下位の台へ移動します。人数が多い場合は審判をつけるようにして、敗者はその台の審判を行います。審判が終わった人は、1つ下位台に入ります。ただし、最上位台の勝者は移動せず連続で試合を行い、最下位台の審判はその台に入ります（下のイラスト参照。Aクラスが上位でDクラスが下位）。

アップダウン形式の動き方（上から見た図）

勝者　敗者　審判

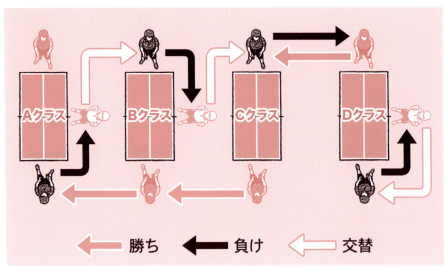

②**得点を制限する方法**　時間がない場合や集中力をつけたい場合などに有効です。1ゲームのみの試合やゲームの途中（10オールや5オール等）を想定して行います。

③**時間を制限する方法**　決められた時間内で効率よくゲーム練習を行うのに有効です。得点制の場合はどうしても終了時間に差が出るため、11点に拘らずタイマーなどを使用して3分程度の時間制で行います。また、時間を長くしたり短くしたりしても面白いです。この場合、ボール拾いや交代なども素早く行うようになるなどの効果も期待できます。

④**ハンディキャップを付ける方法**　以下のようなやり方があります。
- エリアを制限する。この場合、半面（左右や前後）対全面やタオルなどの障害物を置くなどの方法がある。
- 下位の選手に得点でハンディキャップを付ける。
- サーブ権をすべて下位の選手に与える。
- 上位の選手がサービスを出すエリアを決めておく（フォア側のみ等）。
- サービスの種類を限定する。

コラム5

卓球競技の広がり

　国際卓球連盟の初代会長モンタギュー氏は、国にとらわれることなく、地域の代表も受け入れました。2016年現在では、陸上やサッカーを越え222の国と地域が加盟しています。

　日本卓球協会は国内の普及に尽力し、2015年には会員数が32万人になりました。

　また、日本体育協会公認指導者である卓球指導者（指導員、上級指導員、コーチ、上級コーチ）の数は、2016年12月現在で2838人となっています。

コラム 6

フォアハンド、バックハンドの重心移動と素振り練習

①重心移動

　フォアハンド、バックハンドのどちらも、しっかりとバックスイングをとり、身体の中心を軸に膝を使い腰を回すことによって、自然に体重が移動するしくみを教えます。軸足に体重を移し、土台がしっかりした状態から、反対方向に鋭く腰を回してインパクトします。ボールを打ち終わったらすぐに体重を反対足に移し、その後すぐにニュートラルの状態（両足に均等に体重が乗っている状態）に戻ります。

　バックハンドの重心移動は、フォアハンドよりも小さくなります。右利きの場合、腰を回し、左足に体重を乗せ土台がしっかりした状態から、反対方向に鋭く腰を回してインパクトします。ボールを打ち終わったらすぐに体重を右足に移し、その後すぐにニュートラルの状態に戻ります。技術レベルが上がり、前陣でピッチの速い切り替えしを行う際には、重心の移動は小さく速く行うことが大切です。時間が十分にない場合は重心の移動は小さく、時間が十分にある場合は大きく、この2つを使い分けられるようになることが、必要となってきます。

②素振り

　ラケットハンドの使い方や重心の移動の方法は、ボールを打つことに集中するとなかなか意識できず、習得が難しいです。そこで有効なのが素振りです。ラケットの動かし方や重心移動を集中して練習でき、また、繰り返し行うことによって技能を習得することができます。ボールを打球する際に意識しなくても、これらのことができるようになるまで、しっかりと反復練習することが大切です。特に上記の2種類の重心移動を意識して素振りを行うようにしましょう。

第4章

練習計画を立てよう！

Q4-1　練習など、活動計画はどのように立てればよいの?

①チームの目標を確認する　すべてのチームが、例えば全国優勝を目指しているわけではありません。県大会を目指したり、支部の大会で勝利することを目指すなど、それぞれ目標があり、意味のあるものです。

　まずは、そのチームの歴史や伝統などを把握し、何を目標にするかを明確にし、生徒とともに確認する必要があります。

②活動計画を立てる　卓球部の活動計画を立てる上で、生徒の状況や技術の水準、練習時間や施設設備などの環境等をよく考慮した上で、そのチームが最終目標にする成績をどこに置くのかが大切です。

　様々な条件を考慮の上で目標を設定し、また、その目標が生徒の目標と一致していなければなりません。顧問の考えている最終目標が、例えば全国大会を目指すといった場合に、要求水準が高すぎると生徒にとって、練習は苦痛にしか感じられなくなってしまう場合もあります。逆に、生徒の目標が高いにもかかわらず顧問の考えがそこまで至っていない場合には、生徒はストレスを感じるに違いありません。お互いが良く理解しあった上で目標を定めていくことが大切です。

　例えば、県大会出場が最終目標である場合には、1日2時間以上の練習時間が必要です。準備体操、素振り（体幹つくりのために重要）、基本練習、フットワークや切り替え練習、サービス+3球目練習、レシーブ+4球目練習、多球練習、ゲーム練習などを行うと同時に、サービス練習やレシーブ練習を単独で行う時間も欲しいところです。また、同じような目標を掲げ活動している学校やチームとの練習試合なども必要となってきます。

　全国大会を目標とした場合には、倍の時間、約4時間以上の練習時間が必要と言われています。

3年間の活動計画例（中学校部活動）

学年	月	大会等	県大会に行く学校の例	県大会に行けない学校の例
1年生	4	入学	☆基本技術の習得 ・フォア・バック・ツッツキ ・サービス（とレシーブ） ・フットワーク ・ドライブ（フォア・バック）・ブロック ・対下回転の打法 ☆試合慣れ ・練習試合や卓球協会主催の大会に出場し、他校の生徒や先輩、年下、異性と試合をする経験を積ませる ☆卓球を好きにさせる ・練習が好き、上手くなる、勝てる楽しさを味わう ☆"本物"に触れる体験 ・トップレベルの選手の試合を見る、講習会等に参加する ☆伝統を受け継ぐ ・先輩が市、県、関東、全国で活躍する姿を見る	☆ボールに触れる時間が少ない ・3年生の引退（6月）まで台で打てない ・部員数が多く、台が足りないと、3年生が引退しても2年生の先輩が優先のため、ほとんど台で打てない（多球練習をする等、ボールに触れる練習をするための工夫を知らない） ☆どんな練習をすればよいかを知らない ・フットワークをしない ・目的意識もなく試合形式の練習しかしない ・対下回転打法が安定しない ・サービスの工夫を知らない（工夫の仕方を知らない） ・レシーブが安定しない（適切な返球の仕方を知らない） ・練習試合・大会出場の機会がない ☆"勝つイメージ"がない ・先輩が勝てないと、予選を抜け、県、関東に行けるイメージができない ・自分たちは強くなれる、試合で勝てるという自信が出てこない
	6	学校総合体育大会（全中まで）		
	7	↓		
	8	（全日本カデット県予選）		
	10	新人体育大会（県大会まで）		
	11	↓		
	12	（カデット強化大会・東京選手権予選）		
	1			
	2	冬季大会		
	3			
2年生	4		☆基本技術が安定してくる ・フットワーク練習がミスなく成立する ・基本的なサービス・レシーブができる（上・下・横を判断できて、レシーブできる） ・3球目攻撃ができる ・対下回転の打法が安定し、ツブ高、カットに対応できる技術がある。 ☆勝つために、練習の質・技術が進化する ・自分の目標とするレベルで戦えるようにボールの威力、ピッチを上げる ・回転のわかりにくいサービス ・長短のしっかりしたサービス ・回転量のあるサービス ・様々なサービスに対応するレシーブ ・ボールを打つ以外にもトレーニングをする ・個性が出てくるので、それを生かす練習をする （ブロックが得意、3球目攻撃が得意、用具の吟味） ☆試合経験を積み、課題を見つける、自信をつける ・市外、県外の強豪校との練習試合 ・カデット等の大会への参加 ・結果を出して自信をつけ、敗戦でできなかったことから課題を見つける ・大会に参加して、その大会の大切さを理解しているので、学校総合体育大会のシードを守る ・レベルの高い学校、選手との試合や試合観戦を通して、卓球の奥深さ、面白さが分かってくるので、さらにモチベーションが上がる	☆練習・技術が1年生の時から進化しない ・練習の「ねらい」が不明確なため、練習メニューが進化せず、技術が伸びない。 ・サービスに工夫がないまま ・レシーブが不安定なまま ・チームとしてサービス・レシーブが伸びない ・ツブ高、カットに対応できる技術がない ☆試合経験の不足 ・新人戦が初めての対外試合 ・新人戦で結果が出ると、負けた学校はより一層練習試合に呼ばれてこない ・積極的には練習試合の申し込みをしない ・中体連以外の大会に行かない、知らない ・試合には明確な目標を立てたり、十分な準備をしたりせずに臨むので、大会が終わるとモチベーションが持続しない ・冬季大会が久しぶりの対外試合 ・「勝つ」経験がないので、この大会が最後で結果を出すために重要だということがわからない ・試合には明確な目標を立てたり、十分な準備をしたりせずに臨むので、大会が終わるとモチベーションが持続しない。
	6	学校総合体育大会（全中まで）		
	7	（夏の大会が終わって代替わり）		
	8	（全日本カデット県予選）		
	10	新人体育大会（県大会まで）		
	11	↓		
	12	（カデット強化大会・東京選手権予選）		
	12			
	1	冬季大会		
	3	関東選抜卓球大会 全国選抜卓球大会		
3年生	4		☆卓球の型ができてくる ・自分らしい卓球が出来上がってくる。 ・「こうなりたい、こうしたい」という具体的なイメージができてくる ・新しい練習メニューを与えられても、ある程度すぐできるようになる。 ・自分で作戦が立てられるようになる ・練習や試合で、コーチや監督のアドバイスが理解できるようになる ☆伝統を引き継ぐ ・勝ち上がっていくイメージを後輩に見せる ・県、関東、全国でも勝てるイメージを後輩に残す ・強くなれる良い練習の雰囲気を後輩に残す ☆高校卓球へ ・もっと続けて強くなりたいという思いが、高校でも卓球を続ける気持になる	・「勝つ」イメージがなく、技術も足りないので、勝てずに引退する。他の大会における実績もないので、運営次第では組み合わせ抽選が厳しい場合もある。 ・引退。高校に進んでも続けようという生徒は少ない
	5			
	6	学校総合体育大会（全中まで）		
	7	↓		
	8	↓		

69

中学校部活動の現状 ［例：さいたま市中学校］

平成27年度中体連主催の「中学校公式大会」

月日	大会名		メインの代	備考
6/1～5日	学校総合体育大会	市大会	3年	さいたま市からは6校（＋推薦枠）が県大会へ
7/22～24日		県大会	3年	5校が関東大会へ
8/9～11日		関東大会	3年	
8/21～24日		全国大会（全中）	3年	
※夏で代が変わる。				
10/5～9日	新人体育大会	市大会	2年	さいたま市からは12校（夏の倍）が県大会へ
11/4～6日	新人体育大会	埼玉県大会	2年	優勝校は全国選抜大会（3月末）へ
1/5～6日	冬季体育大会	市大会	2年	上位6校が関東選抜大会（3月中旬）へ

・その他の大会
　8月下旬：全日本カデット予選(卓球協会主催)
　12月中旬：東京選手権予選(卓球協会主催)
　12月下旬：カデット強化大会(卓球協会主催)
　3月中旬：関東選抜大会
　3月下旬：全国選抜大会

1日の練習計画の例

初級者グループの練習メニューの例［平日2時間・中学校］

16：00～16：15	準備体操、ランニング、ストレッチング、体幹トレーニング、コーディネーショントレーニング、スポーツビジョントレーニング
16：15～17：00	基本練習 1）フォアハンドロング（フォアクロス1分間60往復・5分） 2）バックハンドロング（バッククロス1分間60往復・5分） 3）フォアハンドドライブ対ブロック（フォアクロス・5分×2） 4）フォアハンドドライブ対ブロック（バッククロス・5分×2） 5）ツッツキ（バック対バック・正確に入れる・5分） 6）ドライブロングサービス練習・5分 7）下回転サービス練習・5分
17：00～17：10	休憩
17：10～17：55	多球練習 1）左右のフットワーク練習 2）バックハンド→回り込みフォアハンド→フォアに動いてフォアハンド 3）フォア→ミドル→バック（フォアハンドで動く） 4）バック→ミドル→フォア（フォアハンドで動く） 5）フォアハンド→バックハンド1本1本の切り替え 6）ツッツキボールをドライブ練習（フォアクロス） 7）ツッツキボールをドライブ練習（バッククロス）
17：55～18：00	整理体操、ストレッチング、後片付け

月間計画の例（中学校部活動）

1月	曜	練 習 予 定	
1	火	休　み	元日
2	土	休　み	
3	日	9：00～12：00	
4	月	9：00～16：00	
5	火	9：00～16：00　午前：他校との練習試合　午後：練　習	
6	水	埼玉県カデット卓球選手権大会　　市総合体育館8：15	
7	木	休　み	
8	金	練習　16：00～　シングルス部内リーグ戦	大掃除、始業式
9	土	9：00～16：00　他校との練習試合	
10	日	9：00～16：00	
11	月	9：00～16：00　ダブルス部内リーグ戦	成人の日
12	火	練習　16：00～	
13	水	練習　16：00～	
14	木	休　み	
15	金	練習　16：00～	
16	土	9：00～16：00　他校との練習試合	
17	日	9：00～16：00	
18	月	練習　16：00～	
19	火	中学校卓球新人大会市予選　シングルス　市総合体育館8：15	
20	水	中学校卓球新人大会市予選　ダブルス　市総合体育館8：15	
21	木	練習　16：00～	
22	金	練習　16：00～	
23	土	9：00～16：00　他校との練習試合	
24	日	9：00～午前	
25	月	中学校卓球新人大会市予選　学校対抗　市総合体育館8：15	
26	火	練習　16：00～	
27	水	練習　16：00～	
28	木	練習　16：00～	
29	金	練習　16：00～	
30	土	9：00～16：00　他校との練習試合	
31	日	9：00～16：00　他校との練習試合	

赤字…公　式　戦

Q4-2　練習メニューの具体例は?

①練習メニューについて　ここでは、練習時間が1時間45分〜2時間程度の場合を想定しています。

　1）ウォームアップ（準備運動）［15分］

　ランニングや動的ストレッチングでもよいですが、感覚練習を兼ねてボール遊びを取り入れた準備運動、反復横跳び、体幹トレーニング等を行います。

　2）打球練習（多球練習、対人ラリー練習）［60分］

　1コマ15分・20分・30分等に区切って練習するとよいです。そのとき、基本練習、課題練習などという名称で内容を明確にしておくこともよいでしょう。ペアやグループについては、目的に応じて指導者が決めたほうが時間的にも効率よく行えます。部活動等では、ペアやグループをあらかじめ班分けしておいてローテーションする方法もあります。集団のレベルが上がってくれば、目的や競技力に応じて選手同士で決めさせてもよいでしょう。

　3）サービス練習［15分］

　自由練習でもよいですが、日によってはショートサービス、ロングサービスのようにテーマを設けて行うのもよいでしょう。初心者のサービス練習で大切なことは、まずはルールに合致していることであり、卓球台の面から下げずに16cm以上まっすぐに上げることが

目印を利用したサービス練習

大切です。狙いを定めるために目標物を置いたりチョークで目印を書いたりすることもよいでしょう。

　４）ゲーム練習（その日の練習の成果を試す）［20分］

　ハンディキャップ制（ポイント差をつけたり、エリアを限定したりする）にしたり、障害物を置く、時間制にして交代を早くする、ラリー数を制限する（3球目まで、5球目まで、促進ルール、サービスのみ等）など工夫をしましょう。

　５）後始末、ストレッチング［5分］

　スポーツ障害を防止するために、短い時間でもよいのでクールダウンを必ず行うようにしましょう。

②**練習時間が短くなる場合**　どの練習項目も繰り返しを要するものなので、偏りなく少しずつ短縮することが望ましいのですが、場合によっては、思い切ってサービス練習は週3回にしたり、ゲーム練習は省いたりするなどの方法もあります。極端に短い場合は、多球練習のみでもよいでしょう。

　どのような場合であれ、準備・後始末やグルーピング、場の設定などに時間がかかり過ぎれば、結果的に中身の薄い練習になってしまいます。全員の協力と無駄のない動きが、そのチームのレベルを左右することになります。

③**小中学生クラブチームの例**　ここでは、練習時間が1時間45分の場合を想定しています。

　１）準備運動・コーディネーショントレーニング（ボール突き等）［10分］

　ペアでのボール突きやストップ練習、ワンバウンドラリーなど、自分達で考えたものを行います。

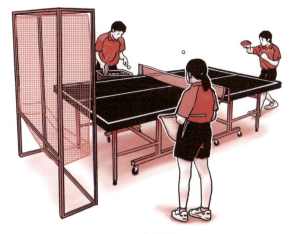

多球練習

2）体力トレーニング［2）〜3）で5分］
反復横跳び、体幹トレーニング、サーキットトレーニングなどを行います。

3）あいさつ、指導者の講話
最近の様子、課題や目標の確認などを行います（意識やムードを高める）。

4）打球練習（多球練習、1球練習、課題練習など）［45分］
常にコミュニケーションを取り合い、送球等に細かい注文をつけます。

5）スポーツビジョン・トレーニング ［1分］
用具等は使わず、左右の指先を交互に見る方法で行いましょう（108ページの図を参照）。

6）サービス練習 ［12分］
ルールに合致しているか、相手にレシーブされたボールの球質やコースを想定しているか、3球目攻撃を意識しているかなどについて、アドバイスをします。

7）ゲーム練習 ［25分］
2分45秒程度で時間を制限したアップダウン形式のゲームが基本となります。相手の固定化を防ぐために、ハンディキャップ制にすることもあります（Q3-5も参照）。

8） 後始末・指導者の講話（まとめ） ［5分］
安全面に配慮して、全員で後始末をします。その日の練習の振り返りや感想、明日の予定の確認等を行います。

コラム 7

学校部活動

　学校部活動は、放課後や休日の時間を使って行われる活動です。スポーツの楽しみを感じさせ、健康の保持増進を支えるだけでなく、競技力向上の一面も担っています。スポーツクラブが注目される中にあって、他の国からは逆に注目されています。

①学校部活動とクラブチーム

　学校の部活動と一般のクラブ活動の育成システムに関していろいろ議論がなされますが、両者には明らかな差はありません。

　部活生は従順で素直、クラブ生は案外と自己主張が強く勝手な子どもが多いと一般的に言われています。しかし、この考え方は的を射てはいません。部活生にも身勝手な生徒がいますし、クラブ生にも素直な生徒は数多く存在しています。部活やクラブ活動という枠組ではなく、チームの指導方針や指導者の力量が子どもたちの行動に影響を与えるのです。

②学校部活動と外部指導者

　学校長が認めた場合、部活動の試合に外部指導者として誰でもベンチに入り指導ができるシステムになっています。このことについては賛否両論があります。卓球を専門としていない教員が顧問になっており、卓球の技術指導ができない場合、外部指導者の活用は、練習や試合の時に、技術や戦術の指導をしてもらえるというメリットがあります。しかし、生徒が学校生活における本分を果たせていない場合には、そのことを踏まえた指導をしていただく必要があります。

　本来であれば、教員である顧問が技術指導および生活全般を把握し生徒を指導することが望ましいのですが、現状では、顧問と外部指導者が十分に連携を図りながら生徒の能力を伸ばすことが重要です。

第 5 章

指導の考え方を学ぼう！

Q5-1　対象に応じた指導の留意点は?

　卓球クラブの形態が多様化している現在、一口に初心者と言っても、対象の年齢や本人の志向によってその指導方法は異なってきます。小学生でスポーツ少年団や地域スポーツクラブ、商業ベースのクラブチームで始める人、中学生になって学校部活動に入って初めて卓球に本格的に取組む人、社会人になってから、健康の維持増進のためやベテラン大会を目標に始める初心者、高齢者になって老化防止のために始める人など、色々な場合があります。

　基本的には、練習方法や技術の考え方は、高齢者や社会人も小・中学生と同様です。しかし、最も留意しなければならないことは、年齢や体力、健康状態を十分に把握した上で、本人の志向にあった無理や無駄やムラのない楽しい練習を行うことです。また、レクリエーション的な要素を求められる場合が多く、人間関係や練習量の平等性を確保することも重要な要素となります。

①小学生の指導　　小学生段階の指導としては、楽しさを取り入れた練習をする方法が必要で、いかにやる気を継続させるかを考えなければなりません。選手が努力したことや達成できたことに対して、タイミングよく褒めてあげることが最も大切です。

　また、エチケットやマナー、フェアプレー、スポーツマンシップについても指導する必要があります。特に、他の選手に対する接し方を通じて、協調性や社会性を身につけさせ、精神的な成長にも配慮しなければなりません。

　この時期は、ギャングエイジと呼ばれ、いたずらが目に余ることもあり、時には叱ることも必要ですが、人格を否定するような批判や体罰は絶対に行わず、非難されるべき行為について正しく理解させることで反省を促すべきです。

　また、指導者は一方的な教え込みにならないよう、選手との対話を大切にして彼らの自己表現力を育み、一流プレーヤーの試合やインタビューを見聞きさせて「夢」を育み、目標を大きくもたせるための支援を行うことが大切です。

②**中学生の指導**　小学校の高学年頃から発育・発達にばらつきが見られ、精神的にも体力的にも成長度に差が見られます。中学生の時期は、小学校の低学年から卓球を始め、中学校ではすでに5〜6年間の練習を積んできている選手と、中学校で卓球部に入ってこれから始める初心者が混在する時期です。

　そのため、それぞれの段階に応じた目標設定や練習メニューを小グループ化して与えていくことが効率的です。しかし、すべての練習を固定化したグループで行うと階層化につながる危険性もあるため、柔軟な運用を心がけましょう。グルーピングには、気配りが欠かせません。また、チーム全体としての協調性も大切であり、リーダーの養成も大きなポイントとなります。

③**高校生の指導**　高校生の年齢は、身長等の伸びがほぼ終了する時期です。今まで行えなかったウェイトトレーニング等も積極的に取り入れ、基礎体力や身体能力をさらに高めることによって、技術の質の向上を目指すことも大切になってきます。また、チームの活動を通して、その一員としてお互いに協力し合うこと、ルールやマナーを大切にして社会性を身につけていくことは、どの年代においてもとても大切なことです。

　一口に高校生といっても様々なレベルの子がいるので、それぞれのレベルに合った練習内容を考える必要があります。すでにトップレベルに近い生徒の場合は、技術の精度（ボールのスピード、回転量、タイミング等をコントロールできる能力など）をさらに追求していくことが大切になります。練習では、身体の使い方の「ムダ・ムラ・ムリ」をなくすよう意識することが大切です。また、高校生になってから卓球を始める生徒もいますので、その場合には初心者への指導として、1つ1つの技術をしっかり練習させることも必要です。

④**大学生の指導**　大学生の場合、中学生や高校生と違い、指導者が常時練習場にいるようなことはあまりありません。そのため、選手が自分でしっかり考えて練習を行うようにしないと、技術面の向上にはつながりません。

　しかし、指導者からすると、時々見るからこそわかることもたくさんあります。前回見たときより台から下がりすぎていたり、振りが大きすぎて戻りが遅くなったりと、細かい部分に気づいてあげることができます。

例えば、1人あたりの練習時間を決め（例：7分×6コマ）、1人3コマずつ練習する方法だと、自分の弱点を克服したり、長所を伸ばす練習を行えます。
　大学生になると、試合前の調整方法など、選手の出身高校により考え方が多少異なりますので、指導者がいない場合では主将が全体の方向性をまとめるようにしましょう。また、学生でミーティングを行うことは、チームを活気づけることにつながるので非常に大切です。

⑤レディース・マスターズの指導　例えば、市町村のスポーツ教室で大人を指導をする場合、そのグループには色々な人が集まってきます。まったく卓球をやった経験のない人、中学や高校のとき部活動で卓球をしていた人、大人になって卓球を始めた人など、子どもを指導する場合より、さらに技術レベルの差があることが多いかもしれません。その技術レベルの差を考慮した指導を考える必要があります。

　参加する目的意識も様々で、卓球がうまくなりたいと同時に、卓球を通じて健康的になりたい、と思って参加している人もいると思います。そこで、まずケガの予防に気をつけましょう。水分の補給もしっかりと行います。そして、ストレッチングを十分に行い、例えばスキップなどの軽い運動を取り入れたウォームアップで体も心もほぐしてから、卓球の実技練習に入ります。

　大人には「プライド」があります。モラルハラスメントにならないように、細心の注意や気づかいをする必要があります。決めつけるような言い方は極力控え、「だめ！」「難しい！」等の否定的な言葉を使わないように気をつけましょう。分別のある大人に対しては、より理論的に指導を行う必要があります。

⑥団体の指導　指導の対象が個人や少人数であるとは限らず、大人数の集団を対象とすることもあるでしょう。その場合、特に気をつけたいことは、選手ごとに練習量に偏りがないように配慮をすることです。

　具体的には、第3章で説明したような多球練習やゲーム形式練習をうまく活用して、選手の技術レベルの差にも配慮しながら、日々の練習をうまく組み立てましょう。

Q5-2　フェアプレーの指導方法は?

　指導にあたって、選手の技術を向上させ、試合に勝利できるようにすることは、もちろん重要です。しかし、「勝利を目指す前に大切なものがある」ことを心に留めておくことが大切です。

　選手は、卓球選手である前にスポーツ選手であり、スポーツ選手である前に一人の人間です。きちんとルールを守るように注意をしたり、フェアプレーを身につけさせることも、技術指導と同じように大切なことです。

①モラル（道徳）をもちルールを守る　選手たちの練習場や試合会場でのふる舞いはどうでしょうか。例えば、練習場がきちんと片付けられていなくて汚いままだったり、試合場の競技フロアや応援席にゴミを捨てていく行為などは、卓球選手、スポーツ選手としての行動以前の問題です。まずは、人として当然守るべきルールから、指導するようにしましょう。

②あいさつをする　指導者へのあいさつ、選手同士のあいさつを身につけさせましょう。無理に強制するのではなく、まず指導者から選手にあいさつをするようにすれば、選手も自然にあいさつができるようになります。

③フェアプレーを身につける　競技ルールを正しく理解し、ルールを守り、相手選手と審判員に敬意を払い、正々堂々とした態度でプレーすることがフェアプレーです。勝利を求めることは当然ですが、「勝つためには何をしてもよい」「勝てば何でも許される」ということではありません。

　試合の前後には、対戦相手、審判員にきちんとあいさつをするように教えましょう。相手のサービスミスやエッジボールなどのラッキーな得点を大げさに喜んだり、審判のジャッジにしつこく抗議するのは、良い態度とは言えません。わざと相手選手をいらつかせたり、挑発するような態度をとったり、相手を見下して手を抜くようなプレーをした場合と同様に、必ず注意をしましょう。

Q5-3　ハラスメントに注意するには？

　指導者は、自分自身ではなく、常に選手のことを第一に考えなくてはなりません。このような「プレーヤーズ・ファースト」の態度が大切です。

　選手は、指導者の所有物ではありません。自分勝手な都合を押しつけることがないよう、選手の可能性を引き出す指導を心がけましょう。指導者の重要な仕事は、選手にルールを教え、モチベーションとやる気を引き出し、卓球を好きにさせることです。

①自らルールやマナーを守る　選手は指導者の行動をよく見ていて真似をします。指導者が率先してルールやマナーを守り、きちんとあいさつをすることなどを心掛けましょう。

②選手の心を傷つけない　試合で一生懸命プレーする選手の気持ちを大切にしましょう。ケーム中やベンチに帰ってきた選手を大声で怒ったりすることは慎むべきです。試合に負けたからといって、ベンチに帰ってきた選手と握手もせずにいなくなるなどの行為は指導者としてあってはなりません。まして や、手を上げるなど暴力を振るう指導者は、そもそも選手を指導する資格はありません。

　日本卓球協会では、選手と指導者のマナーについてまとめた冊子『勝利を目指す前に大切なことがある』を作成しています。日本卓球協会ホームページからダウンロードできるので、参考にしてください。

コラム 8

ジンクス

　ジンクスとは、「縁起の良い、または悪い言い伝え」という意味です。

　ほとんどのプレーヤーは、良い縁起をかつぐ傾向にあります。例えば、勝ちが続くと「ひげを剃らない」「力士が同じまわしを着ける」とか、「同じ道を通って会場に行く」「同じ足からソックスをはく」「この店で食事をしたから今日もこの店で食事をしてから試合に行く」とかいったもので、例を挙げたらきりがありません。

　しかし、良い縁起をかついでもうまくいかないときもあります。「やっぱりジンクスに頼るだけでは勝てないな。実力をつけなきゃ」という気持ちで、ジンクスにはあまりすがらないことが大切です。

　トッププレーヤーは、「超プラス思考」で物事を考えて行動して成功に結びつけています。試合前にトイレに行きたくなったとき、一般的な人は「緊張しているな」というマイナスな考え方をしますが、柔道のオリンピック金メダリストの山下泰裕氏は、「俺の身体の中から弱気の虫が全部出たから、後は勝つだけ」と超プラス思考で常に捉えていったそうです。

　勝利をつかむためには、良いことや自分にプラスになりそうなことは積極的に受け入れて、自分にとってマイナスの要因は気にしない、または気にもとめないという超プラス思考の心をもつことが不可欠です。

第6章

試合をやってみよう！

Q6-1 シングルスの試合のやり方は?

①勝敗を決めるためのルール　シングルス(個人戦)は、1試合(1マッチ)3ゲーム、5ゲーム、7ゲームで構成されます(1試合を何ゲームでやるかは、大会要項で確認しましょう。通常5ゲームマッチで行われることが多いです)。過半数のゲームをとった競技者(ダブルスでは組)を勝ちとします。

1ゲームの勝敗は、11ポイントを先取した競技者(ダブルスであれば組)を勝ちとします。両方の選手の得点が10対10になった場合は、2ポイント差とした選手(または組)が勝ちとなります。

②試合の進め方　試合の開始時にサービスかレシーブかエンド(場所)を選ぶため、ジャンケンによって決めます。相手がエンドを選んだ場合は、もう一

方の選手はそれ以外（サービスかレシーブ）を選びます。

　サービスは2ポイントごとに交替で行い、ゲームが終了するまで続けます。10対10以降、または促進ルールになった場合は1ポイントごとにサービスを行います。1ゲーム目にサービスを選んだ場合、2ゲーム目はレシーバーとなります。後のゲームは、この順序を繰り返します。

　試合の勝敗を決定する最終ゲームでは（5ゲーム目、7ゲーム目）、どちらかの選手が5ポイントを先取したときに、エンドを交替します。

③**促進ルール**　　ゲーム開始後10分経過したとき、双方の得点の合計が18ポイントに達していない場合に促進ルールが適用されます。また、双方の選手から要請があった場合は、試合の開始から適用されます。

　促進ルールでは、レシーバー側が1度のラリーで13回相手コートに返球した場合、レシーバー側に1ポイントが与えられます。ラリー中に制限時間に達して促進ルールに入った場合、そのラリーのサーバーからサービスを行い、ラリーが終了していれば、直前のラリーのレシーバーから1ポイントごとに交替でサービスを行います。いったん促進ルールが適用されたら、その試合の残りのゲームは促進ルールで行われます。

④**タオルの使用**　　タオルの使用は、6ポイントごと、および試合の勝敗を決める最終ゲームでのエンド交替時にのみ認められます。

⑤**卓球ルールの確認**　　ラケット、ラバー、接着剤（ラバーを貼る際に使用する）、サービス、試合前の規定（2分間）の練習、ゲームとゲームの間の休憩（1分間）等、また、タイムアウト、競技用服装、アドバイザー等、その他多くの規定があります。

　競技大会に参加することを目標とする場合は、（公財）日本卓球協会から発行されている最新のルールブックで、詳細を確認されることをすすめます。

Q6-2 ダブルスの試合のやり方は?

　勝敗を決めるルール等は、シングルスと同じです。ダブルスは4人で試合を行うので、ゲームを終えてチェンジエンドするたびに、サーバー、レシーバーが変わるので、注意してください。

①サービスとレシーブの順番　ダブルスでは、自分のライトサイド(右半分)から相手コートのライトサイド(右半分)にクロスにサービスを出します。

　1ゲーム目は自分の組のサーバーがサービスを行い、相手の組のレシーバーがリターン(返球)をします。次に自分の組のサーバーのパートナーがリターンを行い、その次に相手の組のレシーバーのパートナーがリターンを行います。後はこの順序で交互にリターンを行います。右ページの図は、2ポイントごとにサービスを交替した場合を示しています。

　2ゲーム目は、1ゲーム目でレシーブをした組からサービスを行います。どちらの選手がサービスをしてもよいですが、1ゲーム目で最初のレシーブをし

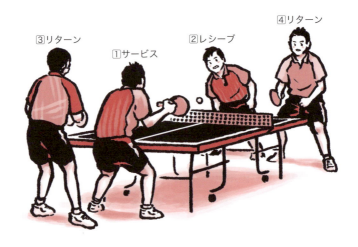

た選手がサービスをする場合は、1ゲーム目の最初のサーバーがレシーバーとなります。1ゲーム目で最初のレシーバーのパートナーがサービスを出す場合は、最初のサーバーのパートナーがレシーバーとなります。

②**最終ゲームのチェンジエンド**　試合の勝敗を決定する最終ゲームでは（5ゲーム目、7ゲーム目）、どちらかの組が5ポイントを先取したときに、チェンジエンドをして、その際にレシーバーが交替します（これまでレシーブをしていた選手のパートナーがレシーブをします）。

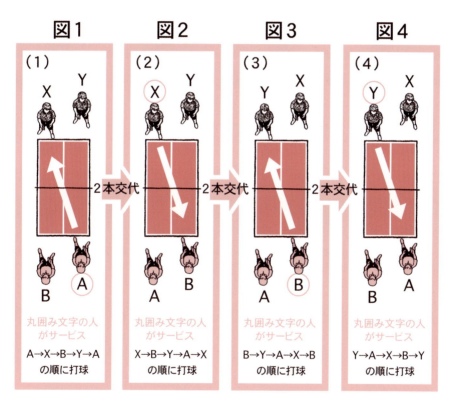

2ゲーム目はXまたはY（サービス側がサーバーを選択）のサービスで試合が始まり、（X→A→Y→B→X）あるいは、（Y→B→X→A→Y）の順番で試合が進められる。

Q6-3　試合の組合せとタイムテーブルのつくり方は?

　例えば、チーム内あるいは他のクラブと練習試合を行う場合、または公式戦を運営する際に必要になりますので、以下の知識を覚えておきましょう。時間は限られていますので、効率よくスケジュール通りに進めることが求められます。

　考え方はシングルスとダブルスで同じです。

①トーナメント方式　1つの試合で勝者を決め、次に勝者どうしで対戦してまた次の勝者を決める試合方式です。勝ち残り式トーナメント、あるいはノックアウト式トーナメントとも呼ばれます。最後に勝ち残った、ただ1人が優勝者となります。

　トーナメント方式での試合数は、1試合で必ず1人（あるいは1チーム）の勝者が生まれ、優勝者だけは負ける試合がないことから、出場者数（あるいは出場チーム数）から1をマイナスしたものとなります。例えば、出場者が40人いた場合のトータルの試合数は39試合ということです。

40人によるトーナメント試合を8台で進行する方法

タイムテーブル

	9:00〜9:30	9:30〜10:00	10:00〜10:30	10:30〜11:00	11:15〜11:45	12:00〜12:30	12:45〜13:15
1コート	101	201	209	301	401		
2コート	102	202	210	302			
3コート	103	203	211	303	402	501（準決勝）	
4コート	104	204	212	304			601（決勝）
5コート	105	205	213	305	403		
6コート	106	206	214	306		502（準決勝）	
7コート	107	207	215	307	404		
8コート	108	208	216	308			

※11本5ゲームのマッチでは、25〜30分でタイムテーブルがつくられることが多い。
※表中の3桁の数字は、右のトーナメント表と対応している。

40人によるトーナメント表

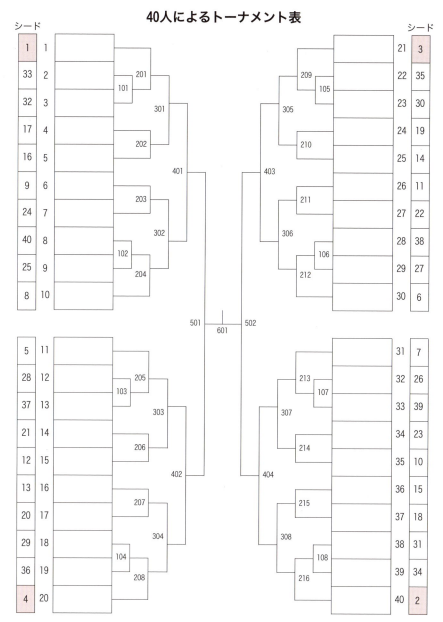

※実際の大会では、実力者同士が1回戦や2回戦で対戦しないように組み合わせを決めます。例えば、前の大会で決勝戦を戦った選手2人は、次の大会で決勝戦で当たるように、つまり、第1シードと第2シードに分かれます。次に、上位の第3シードの選手は、準決勝で第2シードの選手と戦い、次の上位の第4シードは、準決勝で第1シードの選手と対戦することになります。このように実績のある選手ほど上位の権利を得ます。

②リーグ戦方式

リーグ戦とは、総当たり戦のことです。リーグ戦の表を見ると、縦と横に出場者（あるいは出場チーム）が記載されています。

出場者6人の場合は、リーグ戦表に6×6マスあります。自分自身とは試合をしませんので、6つのマスは試合が入りません（下の表の色つきのマス）。

さらに縦と横それぞれ（2か所）に対戦があるので、実際の試合数は2分の1となります［（6×6−6）÷2＝15］。つまり、トータルでは15試合が行われることになります。

6人によるリーグ戦表（シングルス）

6人によるリーグ戦の結果の例

		1	2	3	4	5	6	勝	敗	ポイント	順位
		A	B	C	D	E	F				
1	A		3−0	3−1	3−2	3−0	3−2	5	0	10	1
2	B	0−3		3−1	3−2	3−2	3−1	4	1	9	2
3	C	1−3	1−3		3−0	2−3	3−2	3	2	7	3
4	D	2−3	2−3	0−3		3−1	3−1	2	3	7	5
5	E	0−3	2−3	3−2	1−3		3−0	2	3	7	4
6	F	2−3	1−3	2−3	1−3	0−3		0	5	5	6

※ 試合のポイントは、勝ち2ポイント・敗け1ポイント・棄権0ポイントで計算する
※ C・D・Eが7ポイントで同点のため、以下の表のように3者間の勝敗のみの結果で順位を決定する。

ポイントが同じ場合の順位の決め方

		1	2	3	勝率	順位
		C	D	E		
1	C		3−0	2−3	5/3＝1.67	1
2	D	0−3		3−1	3/4＝0.75	3
3	E	3−2	1−3		4/5＝0.80	2

試合順の作成

試合順	第1試合	第2試合	第3試合	第4試合	第5試合
A　　F	A 対 F	A 対 E	A 対 D	A 対 C	A 対 B
B　　E	B 対 E	F 対 D	E 対 C	D 対 B	C 対 F
C → D	C 対 D	B 対 C	F 対 B	E 対 F	D 対 E

※A選手を基準として動かさず、他の選手を反時計回りに1周させるとリーグ戦の試合順が作成できる。

ライバルをつくる

　目標の達成には、ひとりで努力を続けるよりも、目の前に具体的な目標（人や数字）、つまり、ライバルが存在するほうがモチベーションを高めるために有効となることが多くあります。

　目に見えないものの存在を追いかけるよりも、常に目の前に現れるライバルの姿や言動、そして空気が具体的な基準となり、闘争心や克己心を刺激することになり努力の原動力となります。

第7章

大会に出てみよう！

Q7-1　大会に出るためにはどうしたらよいの？

　試合の主催者により大会運営方法が違います。下記のような場合があります。
①日本卓球協会、都道府県の卓球協会主催の大会　まず、日本卓球協会主催や都道府県の卓球協会主催の大会に出場するためには、都道府県卓球協会への登録が必要です。全日本選手権大会等の試合に出場するためには、各都道府県の予選会に出場し通過しなければなりません。予選会には年齢等の制限があるものもあり、各都道府県卓球協会の大会要項をよく読み理解する必要もあります。
②中学校体育連盟主催の大会　次に、各県の中学校体育連盟・各支部の中学校体育連盟主催の大会に出場する場合には、まず各中学校単位で都道府県の中学校体育連盟に登録する必要があり、この登録は全種目一括・各中学校が行っています。また、各大会ごとに中学校校長の許可を得て申込みをする必要があります。大会要項等は学校あてに中学校体育連盟卓球専門部から送られてきます。
　中学校の総合体育大会は市予選から始まり、県大会、そして各ブロック（関東大会等）の中学校卓球大会、全国中学校卓球大会へとつながっています。その他に新人大会等も、市単位・県単位で行われています（高等学校体育連盟主催の大会については、この説明中の「中学校」をすべて「高等学校」に置き換えてください）。
③その他の大会　そのほか、市の連盟等の大会・オープン参加の大会等もあります。市の大会は、市の卓球協会や卓球連盟のホームページや広報、卓球専門雑誌の紹介ページ等で情報を入手できます。ホームページから大会要項等が入手できる場合も多くあります。
④学校部活動の練習試合　休日を利用した練習試合も多く行われていますが、学校長の許可のもと、各チームの顧問どうしが連絡を取り合い、日程や場所、時間等を調整して行います。初めて顧問になり、練習試合の組み方や方法がよくわからない場合には、大会時等に卓球専門部委員の先生や大会で活躍している学校の顧問の先生等に相談すると、良いアドバイスを受けられます。

Q7-2　ベンチコーチの実際は？

　対戦相手がわかった段階で、仲間の指導者や対戦したことのある選手などから、できるだけ多くの情報を収集します。

　以下、試合当日のアドバイスの方法について説明します。

①試合時間までの準備　タイムテーブルを確認して、ウォームアップや食事、補食のとり方の指示をします（普段から自己判断できるようにするとよいです）。

　試合直前の練習では、相手選手の情報をもとに可能であれば、同じ戦型の選手との練習や、必要な技術練習のチェック等を指示します。

②試合中のアドバイス（5ゲームマッチの例）　前提として、選手の目の高さで、目を見てアドバイスをします。

　1）　試合の開始直前

　1ゲーム目は、自分のプレーを行いゲームをとれるに越したことはありませんが、相手にとられるにしても、色々な戦術やサービス等を試すことが大切であることを伝えます。2ゲーム目以降の戦術を考えるために重要だからです。自分を信じて思い切ってプレーするよう、元気づけて送り出します。

　2）　1ゲームと2ゲーム目の間

　1ゲーム目をとってもとられても、「どんな感じ？」などと1ゲーム目の感触を尋ねるようにします。その内容を加味して戦術を考えます。

　1ゲーム目をとった場合、基本的には同じ戦術でよいのですが、大差でとった場合などは相手の戦術変更も考えられるので、できればその対応策も伝えておきます。

1ゲーム目を簡単にとられた場合は、戦術変更を考えます。相手を追い詰めたが惜しくも落とした場合は、「このままで大丈夫だ。必ず相手は崩れる。信じてこの方法でいこう」などと元気づけます。それでも劣勢の場合は、ゲームカウントを0対2にされないように、タイムアウトも考えましょう。

　3）2ゲームと3ゲームの間

　2ゲームを連取した場合、「いい感じだ、その調子でいこう！　ただし、勝ち急いで雑なプレーをしないこと」などを伝えます。

　ゲームカウントが1対1になった場合は、「ここからは、3ゲームマッチと同じだ。どちらにもチャンスが出てくる。実力が上位の選手でも勝てる可能性は十分にある。思い切ってプレーしよう！」などの励ましとともに、今まで有効だった戦術を確認します。

　ゲームカウントが0対2の場合、第2ゲームが完敗のときは、大きな戦術変更を考えます。接戦で落としている場合は、ちょっとした変更で次のゲームをとれる場合もあるので、「惜しいな！　悪くないんだけど、もう少しサービスやレシーブの精度を上げていこう！　必ず、道は開ける」などとコースや長さの指示を行います。また、アンラッキーで落としている場合は、「必ず、自分にもつきが回ってくる。ネットイン、エッジは平等にあるよ。元気を出していこう！」等とアドバイスします。それでも劣勢になったら、迷わずタイムアウトをとりましょう。

　4）3ゲームと4ゲームの間

　色々なケースがあるので、分析結果を踏まえたアドバイスを行いますが、どんなときも勇気づけて送り出すことが大切です。

　5）4ゲームと5ゲームの間

　2ゲームオールなので、これまでのゲームを振り返って分析し、有効な戦術やサービスを確認します。その上で「ここまで来たら力は同じだ！」「気持ちの強いほうが勝つ」「1ゲームマッチだ」「自分が取組んだ練習を信じてやり切るだけだ」「苦しいのは、相手も同じだ」「ファイト！」などの言葉で送り出しましょう。

Q7-3　タイムアウトのとり方は?

　タイムアウトは、選手または監督が両手でT字のサイン（下図参照）を主審に示すことで、1試合に1回（1分間以内）だけ要求することができます。要求は、団体戦では監督、個人戦では選手の要求が優先されます。

　タイムアウトをうまく活用して不利な試合を勝利に導くことは、ベンチコーチの大きなやりがいの一つです。

①タイムアウトをとる目的　　以下のことを意図してタイムアウトをとります。

1）リードされている場合に、戦術の変更やアドバイスの確認を行う
2）試合の流れを断ち切りたい
3）リードしていたが、連続ポイントされて追い上げられてきた
4）ゲームポイントやマッチポイントで確実に得点したい
5）アンラッキーな失点やトラブルがあった場合に冷静さを保つ

②タイムアウトの留意点　　内容としては、選手に対してサービスや戦術の指示、精神面のアドバイス等を行います。

　自分がタイムアウトをとれば、相手もアドバイスを受けることができるので、諸刃の剣でもあります。場合にもよりますが、相手にサービスの有効なアドバイスをされないために、できれば次が自分のサービスのときにとりたいです。

　また、相手がタイムアウトをとった場合は、相手と同時にアドバイスを止めてコートに戻らなければなりません。

コラム 10

競技領域

　日本卓球ルールでは、「競技領域は、長さ14m、幅7m以上の長方形で、高さ5m以上でなければならない。ネットアセンブリを含む卓球台、審判用の机と椅子、カウント器、タオル入れ、コート番号、フェンス、フロアマット、フェンスにつける競技者名またはチーム名は、競技領域の一部とみなされる」と規定されている。しかしながら、実際の大会等では正規の競技領域が確保できない場合も多い。そこで、競技に支障がない範囲内で柔軟に運用されている場合も少なくない。

　また、プレーイングサーフェスや競技領域の照度や背景、競技場の床についても規定があり、競技場の床については、「木あるいはITTFまたはJTTAに公認されたフロアマットが望ましい」と記載されている。

第8章

トレーニングとコンディショニングについて学ぼう！

Q8-1　コーディネーション・トレーニングとは?

　コーディネーション・トレーニングとは、色々なボールや手具、縄跳び、障害物などを使ったゲーム的なものや、卓球のラケットとボールを使った遊びなどを行い、身のこなしやバランス感覚、ラケット感覚などを養うものです。もともとは、すべてのスポーツ種目に通じる巧緻性（巧みさ）のトレーニングとして、東ドイツで開発されました。

　サービスやレシーブなどの技術の練習をしたり、ダッシュや長距離ランニングでスタミナを養成することも必要ですが、卓球という種目においては、コーディネーション・トレーニングを行うことが、競技力を向上させるためにとても重要です。

左右回転　ボールを真上に打ち上げる瞬間に、ボールに右、または左にそれぞれの回転をかけて打ちましょう。最初は1球だけチャレンジしてみます。慣れたら、同じ回転で連続打球をしてみましょう。
次は、逆の回転で真上に打ってみましょう。慣れたら連続で打球します。
次は、1球ごとに左右の回転を変えて打ってみましょう。写真①・②は右回転、③・④は左回転で打っています。
＊両足は肩幅程度に開き、膝を柔らかく使いましょう。
＊コントロールのポイントは、高さをできるだけ一定にすることです。

台の周回 ● ボールを真上に打ち上げながら、卓球台の周囲に沿って、ウオーキングを行います。ボールの弾みを一定の高さに保ちながら、一歩ずつ同じリズムで歩きましょう。同時に歩き、前を歩く人との距離を一定に保ちます。慣れたら、早めに歩いたり、さらに早足で歩きます。

狙い打ち ● 卓球台のセンターライン（真中の線）のちょうど半分の位置につぶれたボールを2個置きます。置き球をお互いが「狙い打つ」練習です。レシーブで当てられなければ、次のボールで置き球を狙います。自分のコートの置き球を狙う（サービスの落下点を見極める練習）のではありません。

この練習は、「ボールを打つ（相手コートへ強く返す）」という感覚ではなく、「ボールに当てる（相手コートへラバーの弾みで軽く返す）」という感覚を覚えるために行います。ともすれば、相手コートの置き球を「かっこよく当てよう」という意識が働き、スマッシュやドライブで狙う人が見受けられます。しかし、この練習は、ボールの感覚を磨き、研ぎ澄ます練習です。スマッシュを相手コートの置き球を狙って返すのは、ハイレベルなテクニックです。コーディネーション・トレーニングとしておすすめできません。

最も好ましいやり方は、ネットを越えるボールの高さが相手の肩から頭の高さくらいで、自分の目でボールの軌道をゆっくり追いかけることのできる速さが理想的です。この条件で練習すれば、置き球を狙い打つ際の「適度な打球感覚とラケット角度」を習得できます。

①子どもとコーディネーション・トレーニング

子どもは6〜10歳頃までの年齢で、神経系がほぼ成人の100％レベルまで発達すると言われていて、この時期に基礎的な感覚を学ぶ必要があります。この時期は、自分の体を自由自在に操り、変化のあるボールや他人の動きに合わせたり、逆の動きをするなどのトレーニングをすることが重要です。

滑り球打ち エンドラインを転がり落ちる球を、こすって返す（ドライブ打法）練習です。

この練習は、上級者のみならず、初心者でも可能な練習です。卓球台のネット近くから転がってくるボールが、エンドラインから滑り落ちる瞬間（エンドラインの縁のあたり）をとらえて打ち、相手コートに返します。ラケットは、こすり上げるように、斜め上45度方向にスイング（ドライブボールを打つときのスイング方向）します。

慣れると、卓球台上でボールを置いて転がすことは一人でもできるようになりますが、初心者はボールをまっすぐ転がすことができないので、上級者が転がしてあげてください。

最初は、身体のひねりがうまく使えるように、「バックサイドの横に身体を置き」、しっかりと斜め上45度方向にラケットを振りましょう。初心者は、ラケットが卓球台にぶつかるかもしれないとの思いから、スイングが止まってしまいがちです。ボールを使わずに、何十回か素振りをやってみると、具体的なスイングのイメージができるようです。また、経験者が、特に上級者が模範演技をやってみると、視覚的なトレーニングとして受け止め、スムーズにできるようになります。「薄く打つ」（ボールの真中ではなく、ボールの端をとらえること）というイメージはなかなかとらえにくいのですが、この練習は、まさにボールを「薄く打つ」練習なのです。上級者の方でも、「薄く打つ」というイメージが薄い人は、是非、この練習にトライしてみてください。

②**トレーニング方法の実際**　基礎的な動きの他に、卓球に特化した動きを用いてトレーニングを行います。この項目では、いくつか簡単にできる例を紹介します。

　これ以外にも、トレーニングのメニューはたくさんありますので、さらに詳しく知りたい場合は、日本卓球協会のDVDなどを参考にしてください。

　また、コーディネーション・トレーニングの練習メニューへの取り入れ方については、第4章で解説をしていますので、参考にしてください。

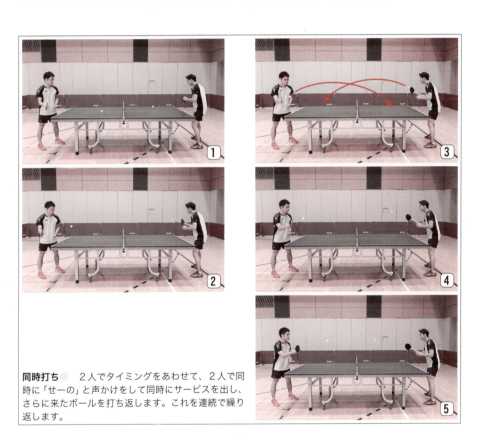

同時打ち　2人でタイミングをあわせて、2人で同時に「せーの」と声かけをして同時にサービスを出し、さらに来たボールを打ち返します。これを連続で繰り返します。

Q8-2　ストレッチングとは?

　ストレッチングとは、日本語にすると「伸ばす」という意味です。それでは「何」を伸ばすのでしょうか？　その答えは「筋肉」です。

　私たちが運動をするとき、必ず筋肉が働いています。筋肉が働くと、筋肉はいったん縮み、その後で元の状態に戻ります。強い力（筋力）を出せば出すほど、そして連続的に力を出せば出すほど、筋肉は傷つき、元の状態より硬く縮んだ状態となるのです。ケガや事故を予防するためにも、そうした状態の筋肉をリフレッシュさせなければなりません。

①運動前のストレッチング　運動前には、ストレッチングをして運動時に使う筋肉を事前にしっかりと伸ばします。自己の限界を超えるような、最大限のパフォーマンスに挑戦するトップアスリートも、必ず普段から行っています。

②運動後のストレッチング　運動後のストレッチングも重要です。激しい運動で縮まった筋肉を可能なかぎり元の状態に戻すため、ストレッチングが筋肉の毛細血管網に新鮮な血液を流し、傷ついた筋肉の繊維を修復する手助けをする役割を果たすのです。技術が高まるほど、選手成績が上がるほど、パフォーマンスの強度も疲労度も上がりますので、しっかりと対応することが必要です。

　初心者のうちから、ケガや事故を未然に防ぐ効果もある「ストレッチング」を当たり前のように毎日の習慣として続けていくことが、ケガをせずに実力のある優れた選手になっていく近道といえるでしょう。

---

①床に腰をおろし、上体を起こした状態（座位・上体を起こした姿勢）から両足を大きく開きます。一方の足を曲げるとともに、もう一方の足のつま先を両手先でつかみ、そのままの状態を保ちます。上体を可能なかぎり前屈させます（膝と太腿のストレッチング）。
②床に腰をおろし、上体を起こした状態（座位・上体を起こした姿勢）から、両手を床の後方につきます。曲げながら立てた一方の膝の上に、もう一方の膝を曲げて交差させた姿勢を保ちます（股関節と腰部のストレッチング）。
③床に仰向けになります。一方の足は伸ばしたままにし、もう一方の曲げた膝を両手で抱えて、胸にしっかりとひきつけます（股関節と腰部のストレッチング）。
④床に腰をおろし、上体を上に向けます。一方の足は伸ばしたままにし、もう一方の足を曲げてお尻側につけます。少しずつ、上体を後方に傾けていきます（膝と腰部のストレッチング）。
⑤仰向けに寝ます。一方の足を伸ばしたままにし、も

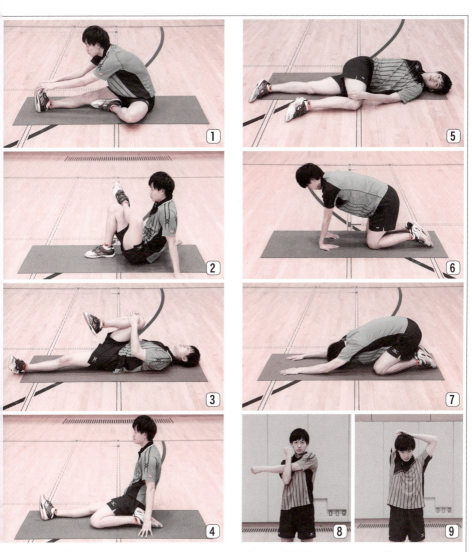

う一方の足を交差させて、その足先を床につけます。交差させた足の反対側の手で、その交差させた足を押さえます。理想は、両肩をつけたまま、交差させた足の膝を床につけた姿勢です（股関節と腰部のストレッチング）。

6 床に両膝と両手をつきます。両手の手のひらの手首を頭側へ、両手先を足側に向け、体重を頭部側にかけます（手首と前腕のストレッチング）。

7 床に両膝と両手をつきます。両手を床につけたまま、腰を後方に引きながら、腕全体を床につけるように伸ばします（腕と胸のストレッチング）。

8 両足を肩幅程度に開きます。片方の腕を、胸の前を横切るように水平方向に伸ばし、その腕をもう一方の腕で下から引き上げるように巻き込みます。可能であれば、その腕をさらに上方向に持ち上げるようにしてください（腕と肩のストレッチング）。

9 片方の腕で頭部を巻き込むように後方に伸ばした後に曲げ、その曲げた腕の肘の頭部をもう片方の手のひら全体でつかみ、さらに、その肘を上後方にひきあげるようにひきつけます（腕と肩のストレッチング）。

107

Q8-3　スポーツビジョンとは？

　ボールゲーム・スポーツにおいては、ゲーム中に素早く動く選手とボールを正確に目でとらえ、状況を判断して最適なプレーをする必要があります。このような視覚情報を収集する能力（つまり「見るチカラ」）をスポーツビジョンと言います。このスポーツビジョンの差が、パフォーマンスのレベルを決める一つの要因となります。

①卓球と視力　　卓球では小さいボールが高速でとびかい、その回転を見極めなくてはなりません。視力が低い場合には、十分なパフォーマンスが発揮できないと考えられます。そこで、指導者は選手の視力を把握し、必要に応じて矯正の指導をする必要があります。

②スポーツビジョンの発達　　スポーツビジョンは小学生の時期に急速に発達し、20歳頃にピークを迎え、以降は加齢とともに次第に低下します。したがって、大人になってからも可能ではありますが、小学生の頃に能力を伸ばすように働きかけるのが、より効果的と考えられます。

③スポーツビジョン・トレーニング　　スポーツビジョンの能力を向上させるトレーニングには様々なものがあります。具体的なメニューについては、他の専門的な参考書等を参照してください。

　週３日のトレーニングを２〜３ヶ月続けることで効果が出るので、継続して行う必要があります。

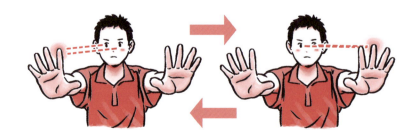

Q8-4　メンタルの重要性は?

　試合でしっかり実力を発揮するためには、メンタル面の取り組みが重要です。
①試合で実力を発揮できない理由　大切な試合に臨むとき、試合で重要な場面を迎えたときに緊張する選手がほとんどです。競技力が高く、経験を積んだ選手でも緊張しますので、経験の浅い初心者・初級者の場合はなおさらです。

　緊張の度合いが強すぎると、パフォーマンスが低下してしまう「あがり」の状態になってしまいます。そこで、緊張を低下させる方法をリラクセーション技法と呼び、様々なものがあります（呼吸法、筋弛緩法、自律訓練法など）。詳しくは『卓球コーチング教本』や、その他の参考書を参照してください。

　また、緊張してしまう原因の一つに「マイナス思考」があります。例えば「このサービスを失敗してしまうのではないか」という失敗のイメージでプレーをした場合に、やっぱり失敗してしまうというケースです。その対処法は、「こうなってはだめだ」ではなく「このように行うんだ」という「プラス思考」をすることです。とはいえ、分かっていても試合の大事な場面ではマイナス思考に陥りがちなのが普通ですから、普段からどのようにプラス思考に切り換えるか、という対処法をあらかじめ知っておく必要があるでしょう。

②指導者の行動と選手のメンタル　普段から選手のマイナス思考を引き起こす要因として、指導者の言葉があります。選手に対して怒って、プレーを強制させていると、選手は「失敗したら怒られる」とマイナス思考になり「怒られないため」に努力するようになります。

　そうではなく、選手が自分で「強くなりたい」と思うような方向づけをすることが大切です。指導者は方針を選手に示しながら、最終的に選手自身が「自分で決めた」と思わせることで自己決定感を高めさせることができます。「次はこうしたい」というプラス思考に導くことができるよう、指導者は心がけましょう。

Q8-5　食事・栄養の考え方は?

　しっかりとした体づくりに、食事は欠かすことができません。その意味で、普段からきちんとした食事をとることは、大切なトレーニングの一部と言えるでしょう。

①普段の食生活とコンディション　朝食の欠食や偏食があると、体に必要なエネルギー量や栄養素が不足して、コンディションを保つことが難しくなります。また、毎日しっかりと睡眠がとれていないと、体調を崩しやすくなります。

　選手のコンディションの簡単な確認方法は、体重や体脂肪を測定することです。例えば、成長期のジュニア選手の体重が急に減少した場合は、体調不良や練習量にみあった食事量が確保できていない可能性があります。

②バランスのとれた食事　栄養バランスのとれた食事をするためには、以下の6つの役割を果たす料理を揃えることを意識しましょう。

　　主食……ごはん、パン、めん類
　　汁物……味噌汁、けんちん汁、ミネストローネ、クラムチャウダー
　　主菜……卵、ウインナー、ハム、納豆、魚貝類、肉類、豆腐
　　副菜……野菜、しいたけ、わかめ、こんにゃく、海草類
　　果物……いちご、りんご、すいか、ぶどう、グレープフルーツ、バナナ
　　乳製品……チーズ、牛乳、ヨーグルト

③水分のとり方　汗をたくさんかいたときに水分補給を怠たると、体内に熱がこもって熱中症の症状が表れます。のどが乾く前に、こまめに水分をとるように指導し、脱水の防止につとめる必要があります。

　スポーツドリンクには、適度な糖分と塩分が含まれています。糖分にはエネルギー補給の役割があり、塩分には水分を体の中にとどまりやすくする働きがあります。うまくスポーツドリンクを活用しましょう。

コラム 11

卓球の始まり

　霧や雨が多いイングランド（イギリス）で、1880年代に上流社会の人々が食堂のテーブルの上で、シャンパンのコルク栓を丸めてボールにし、葉巻タバコのふたをラケット代わりに正装でプレーしたとも言われています。

　その後、「ピンポン」という名称が生まれました。その理由は当時、日本で言う太鼓のような両面皮ばりのラケット（バトルドアといわれる）が使われていて、セルロイドのボールを打つと「ピン、ポン」という音がしたからと言われています。

　また明治時代に、日本の体操教育の功労者である坪井玄道氏（東京高等師範学校教授）がドイツ、フランス、イギリスへ留学したとき、先にロンドンに滞在していた下田次郎氏（東京女子高等師範学校教授）にすすめられて、ロンドンで大流行していたゲームを楽しんだと言われています。1902年に坪井玄道氏が帰国に際してその用具を持ち帰ったのが、日本における卓球の始まりと言われています。

第 9 章

道具について知ろう！

Q9-1　卓球の練習に最低限必要なものは？

　将来、公式試合に出場するためには、用具等も卓球協会公認のものを購入する必要があります。卓球用具は卓球専門店で購入することをおすすめします。アドバイスをしてくれるお店が多数あります。

①ラケット　ラケットとラバーを貼り合わせて販売しているラケットがありますが、ラバーは練習によって消耗劣化し貼り替える必要があります。したがって、ラケットとラバーを別々に購入し、貼ることが必要となります。

　ラケットは、主にシェークハンドラケットとペンホルダーラケットがあります。公式試合に出場するには、ラケットはJTTAAマーク、メーカー名または商標が入ったものが必要です。

②ラバー　ラバーには、表ソフトラバー、裏ソフトラバー、アンチスピンラバー、ツブ高ラバー、一枚ラバーなどの種類があります。一般的に最初は裏ソフトラバーで始めます。ラバーの厚さにも、薄いものから厚いものまで様々ありますが、中程度の厚さのものが良いでしょう。ラバーはJTTAAマーク、メーカー名または商標が入ったものが必要です。

③ユニフォーム　練習用のシャツやショーツは動きやすいもので問題ありません。ユニフォームは卓球協会公認の赤いタグのあるものをおすすめします。試合に出場する際は、日本卓球協会公認のものが必要です。

④シューズ　卓球専用シューズが販売されていますが、練習には体育館専用シューズ等でもまったく問題ありません。

⑤ボール　ボールはプラスチック製です。試合用・練習用など様々なボールが販売されていますが、練習の用途に応じた使い分けが必要になります。

Q9-2 卓球用品はどこで買うの？

　公式試合に出場するためには、日本卓球協会公認の用具を購入する必要があります。

　卓球用具は卓球専門店で購入することをおすすめします。アドバイスをしてくれるお店が多数あります。卓球用品は、専門性が高く普通のスポーツ店ではうまく対応しきれないことがあるためです。

　卓球用品専門店は全国に数百店あります。住まいの近くの専門店をインターネット等で検索すると見つけることができます。また近くにない場合でも、全国の専門店から通信販売等で卓球用品が購入できます。

　卓球用品には、ラケット、ラバー、ボール、ユニフォーム、専用シューズの他にも、卓球台、ネット、サポート、カウンター、多球練習用グッズ（集球用ネットやボール拾い用の網、ボールを入れる容器）など様々なものがあり、専門店では卓球競技に必要なものはすべて購入することができます。

Q9-3 ラケットの基礎知識は？

①ラケットの種類　ラケットには、シェークハンドラケット、日本式ペンホルダーラケット、中国式ペンホルダーラケットがあります。

　シェークハンドラケットの形状はほぼ同じですが、グリップに違いがあります。太さが同じストレートグリップ、グリップのすそが広がっているフレアーグリップなどがあります。

　日本式ペンホルダーラケットには、丸型、角型、その中間の角丸型があります。

　また、メーカーによって、形状や大きさや重さが異なります。

②ラケットの素材　堅い材質の木材（北欧材）と、軽くて弾みの弱い木材（南洋材）を合わせた合板ラケットが主流です。

　ボールをもっと弾ませるため、木材の間にカーボン材を挟んだラケットもあります（ルール上は、85％以上が木材で平坦でなければなりません）。

　しかし、ボールの素材が変わったことで（Q9-6参照）、ボールの回転量や弾み方が変わり、コントロールのしやすさの面から、木材だけの合板材が再び人気になっています。

③グリップの調整　子ども、女性、手が比較的大きな大人まで共通で使えるように、グリップが最初は太めになっています。自分の手、握りに合うように、少しずつカッターや紙ヤスリで削るとよいでしょう。

④ラケットの検定　ラケットには検定制度があり、日本国内ではメーカー名と日本卓球協会検定印であるJTTAAの刻印が付いていなければ、試合では使用できません。外国製については、審判長の許可が必要となります。

⑤ラケットの選び方　攻撃型の選手は、ラケットを振り切れるように、ラバーの重さ、ラケット全体の重さが少し軽めなものがおすすめです。カット主戦守備型の選手は、重めのラケットを選びます。

競技スポーツとして卓球を始めたのであれば、初めからラバーを張ってあるラケットは買わないで、目指す戦型に合ったラケットとラバーの組合せを選ぶことが大切です。

シェークハンド

ストレート

フレアー

ペンホルダー

日本式

中国式

Q9-4 ラバーの基礎知識は?

　ラバーは、スポンジの部分とゴムの部分（シート）からできています。

①ラバーの種類　　以下の5種類があります。裏ソフトラバーとアンチスピンラバー、そして表ソフトラバーとツブ高ラバーは、見た目が似ています。

1）裏ソフトラバー……ツブが裏返しになっていて表面が滑らかです。回転とスピードが出やすいのが特徴です。

2）表ソフトラバー……ツブが表面にあります。球離れの速さと、回転の少なさが特徴です。

3）ツブ高ラバー……（裏ソフトラバーと比べて）細くて長いツブが表面にあります。上回転をかけたボールに対して当てると下回転のボール、下回転をかけたボールに対して当てると上回転になるのが特徴です。

4）アンチスピンラバー……ツブが裏返しとなっていて表面が滑らかです。回転がかかりにくく、回転の影響を受けにくいのが特徴です。

5）一枚ラバー……スポンジがなくて軽量で低弾性のツブが表面に出ているラバーのことです。ツブ高ラバーと同じ性質で、相手が打球したボールのスピードや回転によって様々な変化が生まれるのが特徴です。ただし、ツブ高ラバーほどの変化にはなりません。

②スポンジ　　ラバーのスポンジの厚さは、バネの強さと同じと考えてください。スポンジの厚さには色々なものがありますが（「極ウス」から「MAX」まで）、厚いものほどボールが弾んでスピードが出て、薄いものほど弾みが弱くボールが飛びません。

③試合　　現在のルールでは、試合のとき相手選手に使用しているラバーを見せなければなりません。また、ラバーは表面と裏面で赤と黒に色分けをすることが義務付けられていますので、ラバーの名前と種類を知っておく必要があります。

④ラバーの張り替え　裏ソフトラバーは、摩擦力が低下したときに張り替えます。表ソフト系は、ツブの根元が切れかかっているとき（ツブの根元が黒くなれば、根元が切れかかっている証拠です）が張り替え時です。

　その他、卓球台の端にラケットをぶつけてラバーを破損させた場合など、公式試合では使用できなくなるため、交換する必要があります。

1）裏ソフトラバー　　　　　　2）表ソフトラバー

3）ツブ高ラバー　　　　　　4）アンチスピンラバー

5）一枚ラバー

ラバーの種類と特徴

種類	厚み	スピード	回転	コントロール	変化プレー
1）裏ソフトラバー	上部シートは2mm以下 スポンジとの合計で4mm以下	◎	◎	◎	◎
2）表ソフトラバー		◎	○	○	△
3）ツブ高ラバー	上部シートは2mm以下 スポンジとの合計で4mm以下	△	△	△	◎
4）アンチスピンラバー		△	△	△	○
5）一枚ラバー	シートは2mm以下	△	△	△	△

Q9-5　ユニフォームとショーツはどうすればよいの？

　日本卓球協会主催の大会では、白いユニフォームの着用が禁止されています。理由としては、白いボールと同じ色であるためボールが見づらくなってしまうということがあるからです。また、ユニフォームは、公認ユニフォームしか着用することができません。ユニフォームにJTTAのワッペンがあるもののみ着用することができます。

　団体戦の場合は、ユニフォームをチームで統一する必要があります。対戦する学校とユニフォームの色が同一である場合は、どちらかのチームがユニフォームを着替えるように求められることがありますので、2着以上準備してください。

　しかし、中体連主催の試合に関しては、ユニフォームを着て試合をしなければならないという規程がありません。

　日本卓球協会の主催する大会については、協会ホームページを見て確認してください。

Q9-6　ボールはどんなものを使えばよいの?

　試合球、練習球など様々なボールが販売されていますが、練習の用途に応じた使い分けが必要になります。

　硬式、ラージボールともに以前はセルロイド製でしたが、安全性の問題点が指摘され、2014（平成26）年度からプラスチック製となっています。

　大きさは、硬式ボールが直径40mm、重さは2.7gで、ラージボールは直径44mm、重さ2.2〜2.4gです。ボールの色は、硬式は白色で、ラージボールは橙色です。

　大会で使用するボールは、公認球を使用します。1個あたり300円前後で、最低3個入りから販売されています。

　練習球として、比較的安価なトレーニング球の使用をおすすめします。1個あたり100円程度で、最低3球から販売されています。

　多球練習などでは、比較的に安いボールを使用すると、費用を抑えることができます。普段の練習の中で、ゲーム練習を行う際だけ公認球の使用をおすすめします。

　各メーカーでボールの飛び方等が多少違うため、ボールを選球して試合をすることがあります。対戦相手と使用したいボールが異なった場合は、ジャンケンでボールを決めますので、各メーカーのボールを一度打ってみて、自分なりに特徴をつかんでおくとよいと思います。

Q9-7　卓球台・ネット・サポートの基礎知識は?

　卓球台の表面は、木製で青色または緑色に着色され、サイドラインおよびエンドライン（幅1.5cm）、センターライン（幅0.3cm）が引かれています。大きさは、縦が274cm、横が152.5cm、高さが76cmとなっています。

　ネットは、布製の網状になっており上部は白帯となっています。高さは15.25cmで、台から横に張り出している長さも同様です。

　競技領域については、コラム（100ページ）を参照して下さい。

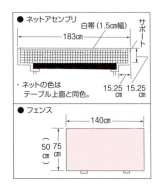

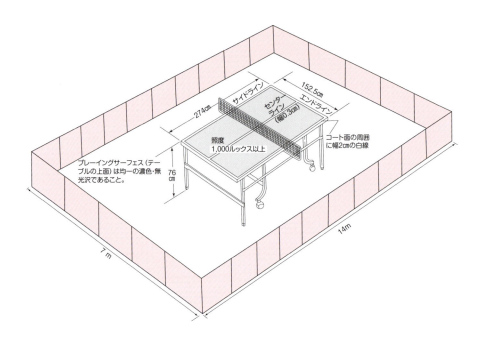

付録1　卓球指導者資格の概要

(2016年12月現在)

●JTTA公認基礎指導者

▌JTTA公認基礎指導者とは

JTTA公認基礎指導者は、指導経験の浅い卓球指導者を対象に新設された資格です。
主に、下記のような指導者を対象にしています。

- 卓球の経験がない部活動の顧問の先生
- クラブチームの監督
- 地域の卓球愛好者の指導者

▌資格取得のメリット

指導者として習得すべき以下の知識が身につきます。

- 技術や卓球用具の基礎知識
- 初心者向けの練習方法
- 練習計画の作成やチーム運営の方法
- 練習や試合のマナー

▌受講について

- 対象年齢：満18歳以上
- 受講資格：日本卓球協会会員登録者（選手または役員）
- 資格取得費用：4千円（講習会参加費2千円、上記会員登録料とは別に指導者資格登録料2千円）。教本（『卓球基礎コーチング教本』本体価格1700円＋税、大修館書店刊行）は、近くの書店などで事前に各自が購入してください。
- 申込方法：在住・在勤の都道府県卓球協会に申込み
- 受講方法：講習会＋自宅学習（下記参照）

  カリキュラム
  - ◆講習会（約7時間）
    ・座学＋実技＋レポート
  - ◆自宅学習（約14時間）
    ・動画閲覧＋教本学習＋レポート

- 資格更新料：1,000円（1年間）

▌資格取得の流れ

①申込み ＞ ②受講案内送付 ＞ ③自宅学習（各自教本購入）＞ ④講習会 ＞ ⑤資格認定

▌JTTA指導者養成委員会サイト

下記URLより情報を閲覧できます。

http://pc.jtta-shidou.jp/

●公認卓球指導員

養成目的 地域スポーツクラブ指導者、スポーツ少年団指導者、小・中学校の部活動指導者など、初心者や子どもたちを対象に卓球競技の基礎的実技指導にあたる指導者を養成する。

役割 発育発達期の子どもたちに対し、競技者育成プログラムに則り、様々な運動経験と遊びを通した身体づくりと動きづくりを主眼においた指導にあたる。

受講条件 受講年度の4月1日現在満18歳以上で、卓球の指導にあたっている者もしくはこれから指導者になろうとする者(免除条件については別途定める)。

カリキュラム 共通科目35h(共通Ⅰ) 専門科目40h

受講料 共通科目19,800円 専門科目15,120円

登録料(4年間) 15,000円(初回登録時のみプラス3,000円)

更新のための義務研修 資格有効期限の6か月前までに、最低1回は、日本卓球協会が定める研修または日本体育協会(都道府県体育協会が実施する研修会を含む)が実施する(認める)研修を受けなければならない。

担当委員会 日本卓球協会指導者養成委員会及び競技者育成委員会

区分			カリキュラム内容	時間数		
				集合	その他	計
1	種目特性に応じた基礎理論	①	卓球とは	0.5h	0h	0.5h
		②	用具(ラケット、ラバー)の特性	1h	1h	2h
		③	戦型と戦型による戦術と技術	1h	0h	1h
		④	ゲームとルール	1h	1h	2h
		⑤	フェアプレイとスポーツマン精神	0.5h	0h	0.5h
		⑥	年代に応じた安全対策	2h	0h	2h
			計	6h	2h	8h
2	実技	①	ウォームアップとクールダウン	1h	0h	1h
		②	サービスとレシーブ	2h	1h	3h
		③	フォアハンド打法	3h	1h	4h
		④	バックハンド打法	3h	1h	4h
		⑤	ツッツキ	2h	1h	3h
		⑥	ブロック	2h	1h	3h
		⑦	フットワーク	1h	1h	2h
		⑧	フォアハンドとバックハンドの切り替え	1h	1h	2h
		⑨	カット	1h	1h	2h
			計	16h	8h	24h
3	指導実習	①	個人の指導(初心者への)	2h	0h	2h
		②	集団の指導(初心者への)	2h	0h	2h
		③	対象に応じた指導法(発育発達に応じた)	1h	0h	1h
		④	指導計画の立案(原則・適用・個別性等)	1h	0h	1h
		⑤	指導計画の実施	1h	0h	1h
		⑥	指導計画の評価	1h	0h	1h
			計	8h	0h	8h
				30h	10h	40h

●公認卓球上級指導員

養成目的 地域スポーツクラブやスポーツ少年団、小・中・高校の部活動において、年齢・競技レベルに応じた実技指導にあたるとともに、スポーツ教室などの企画立案に参画できる指導者を養成する。

役割 年齢・競技レベルに応じた指導にあたるとともに、地域スポーツクラブ等において実施するスポーツ教室や各種イベントの事業計画の立案に参画する。また、卓球指導員の育成指導にあたる。

受講条件 受講年度の4月1日現在で満22歳以上の者。スポーツクラブ等において中心的な役割を担っている者。またはこれから中心的な役割を担う者(免除条件については別途定める)。

カリキュラム 共通科目70h(共通Ⅰ+Ⅱ) 専門科目20h

受講料 共通科目15,120円(共通Ⅰ免除者は8,640円) 専門科目10,800円

登録料(4年間) 15,000円(初回登録時のみプラス3,000円)

更新のための義務研修 資格有効期限の6か月前までに、最低1回は、日本卓球協会が定める研修または日本体育協会(都道府県体育協会が実施する研修会を含む)が実施する(認める)研修を受けなければならない。

担当委員会 日本卓球協会指導者養成委員会及び競技者育成委員会

	区分		カリキュラム内容	時間数		
				集合	その他	計
1	種目特性に応じた基礎理論	①	一貫指導のカリキュラムと強化指導指針	1h	0h	1h
		②	国内大会の歴史	1h	0h	1h
		③	地域におけるスポーツクラブ運営上の諸問題	0.5h	0h	0.5h
		④	地域におけるスポーツ少年団運営上の諸問題	0.5h	0h	0.5h
		⑤	年代に応じた安全対策	2h	0h	2h
			計	5h	0h	5h
2	実技	①	事故予防のためのストレッチング	0.5h	0h	0.5h
		②	基礎技術(中級者のための)	2h	0h	2h
		③	応用技術(中級者のための)	2h	0h	2h
		④	実践技術(中級者のための)	2h	0h	2h
		⑤	示範技術(中級者のための)	2h	0h	2h
		⑥	多球練習(中級者のための)	2h	0h	2h
		⑦	練習効果の評価	0.5h	0h	0.5h
			計	11h	0h	11h
3	指導実習	①	地域におけるスポーツ教室開催計画の立案・実施・評価	2h	0h	2h
		②	競技別1養成講習会テクニカル講師としての企画・立案	2h	0h	2h
			計	4h	0h	4h
				20h	0h	20h

●公認卓球コーチ

養成目的●中学・高校・大学・実業団の指導者や地域のスポーツクラブを主宰する指導者などを養成する。また、各都道府県の競技者育成・発掘にあたる担当者を養成する。

役割●競技者育成プログラムの指針に基づいた指導にあたるとともに、広域エリア内の有望競技者の強化指導にあたる。また、各都道府県卓球連盟(協会)における競技者育成システムの研究開発に参画する。

受講条件●受講年度の4月1日現在満22歳以上で、都道府県卓球連盟(協会)が推薦し、日本卓球協会が認めた者(免除条件については別途定める)。

カリキュラム●共通科目152.5h(共通Ⅰ+Ⅱ+Ⅲ) 専門科目60h

受講料●共通科目19,440円 専門科目10,800円

登録料(4年間)●20,000円(初回登録時のみプラス3,000円)

更新のための義務研修●資格有効期限の6か月前までに、最低1回は、日本卓球協会が定める研修または日本体育協会(都道府県体育協会が実施する研修会を含む)が実施する(認める)研修を受けなければならない。

担当委員会●日本卓球協会指導者養成委員会及び競技者育成委員会

	区分		カリキュラム内容	時間数		
				集合	その他	計
1	種目特性に応じた基礎理論	①	卓球競技の歴史的発展論	1h	1h	2h
		②	卓球の国際的動向	2h	1h	3h
		③	卓球選手のための栄養学	2h	0h	2h
		④	対象に応じた指導内容と指導技術	2h	1h	3h
		⑤	科学的分析によるコーチングの応用	2h	1h	3h
		⑥	卓球競技における安全対策	2h	1h	3h
		⑦	卓球競技のルール・審判法	4h	1h	5h
		⑧	卓球競技におけるメンタルトレーニング	2h	1h	3h
		⑨	スポーツビジョントレーニング	1h	0h	1h
		⑩	コォーディネーショントレーニング	1h	0h	1h
			計	19h	7h	26h
2	実技	①	卓球競技のための専門的体力トレーニング	2h	1h	3h
		②	応用技術(上級者のための)	4h	1h	5h
		③	練習効果の評価(上級者のための)	1h	1h	2h
		④	多球練習(上級者のための)	2h	1h	3h
		⑤	スポーツマッサージ	2h	0h	2h
			計	11h	4h	15h
3	指導実習	①	個人の指導(シェーク、ペン、表ソフト速攻、カット等)	1h	1h	2h
		②	集団の指導	1h	1h	2h
		③	対象に応じた指導方法(男女ナショナルチーム報告を含む)	2h	1h	3h
		④	指導計画の立案(原則・適用・個別性等)・実施・評価	4h	4h	8h
		⑤	ベンチコーチの実際	1h	1h	2h
		⑥	競技別1及び2の指導員養成講習会企画・立案	1h	1h	2h
			計	10h	9h	19h
				40h	20h	60h

●公認卓球上級コーチ

養成目的●ナショナルレベルで活躍できる競技者の育成・強化にあたる指導者、国内トップレベルの指導者を養成する。

役割●トップアスリートの育成・強化にあたるとともに、国際的な視野を持ち、日本卓球協会において強化スタッフとして競技力向上策の研究開発に参画する。

受講条件●受講年度の4月1日現在満24歳以上で、日本卓球協会が認めた者(免除条件については別途定める)。

カリキュラム●共通科目192.5h(共通Ⅰ+Ⅱ+Ⅲ+Ⅳ) 専門科目40h

受講料●共通科目47,520円(共通Ⅰ+Ⅱ+Ⅲ免除者は28,080円) 専門科目17,280円

登録料(4年間)●20,000円(初回登録時のみプラス3,000円)

更新のための義務研修●資格登録有効期限の6か月前までに、最低1回は、日本卓球協会が定める研修または日本体育協会(都道府県体育協会が実施する研修会を含む)が実施する(認める)研修を受けなければならない。

担当委員会●日本卓球協会指導者養成委員会及び競技者育成委員会

区分			カリキュラム内容	時間数		
				集合	その他	計
1	種目特性に応じた基礎理論	①	国際大会の歴史	1h	1h	2h
		②	国際大会参加時の留意点	2h	1h	3h
		③	ワールドランキングの情報収集と分析について	1h	2h	3h
		④	海外遠征のマネジメント	2h	2h	4h
		⑤	年間強化スケジュール案作成上の留意点	1h	2h	3h
		⑥	国内代表選手へのベンチコーチについて	2h	2h	4h
		⑦	上級者のためのビジョントレーニング	1h	0h	1h
		⑧	上級者のためのメンタルトレーニング	1h	0h	1h
			計	11h	10h	21h
2	実技	①	多球練習(国際大会代表選手のための)	1h	1h	2h
		②	チームへのプレゼンテーション(動機づけ)	1h	1h	2h
			計	2h	2h	4h
3	指導実習	①	国内強化合宿の立案・実施・評価	2h	2h	4h
		②	選手とのコミュニケーション	1h	1h	2h
		③	国際大会代表選手へのコーチング	1h	1h	2h
		④	ベンチコーチの実際	2h	2h	4h
		⑤	競技別3養成講習会テクニカル講師としての企画・立案	1h	2h	3h
			計	7h	8h	15h
				20h	20h	40h

《専門科目における講習・試験の免除》
1. 日本卓球協会が主催した(定める)指導者講習・研修を受講した者。
   受講した内容程度に応じ、日本卓球協会指導者養成委員会が審査の上、免除科目を決定する。
2. 一定の実技・指導実績を有する者
   別に定める基準により、日本卓球協会指導者養成委員会が審査した上で、免除内容を決定する。
3. その他
   (1) 国際大会等で特に優秀な成績を収めた者で、コーチとしての資質、能力が優れていると認められた者
   (2) 国外での資格取得者
   (3) 在外研修者
      上記の者については、日本体育協会と日本卓球協会指導者養成委員会が内容・程度を審査の上、免除項目を決定する。

付録2　平日・休日の練習計画例

●中学校卓球部練習計画の例（休日）

	上級グループ	中級グループ	初級グループ
8：00〜8：30	準備体操、ランニング、ストレッチング、体幹トレーニング、コーディネーション・トレーニング、スポーツビジョン・トレーニング、サービス練習（15分）		
8：30〜9：15	**基本練習** ①フォアハンドロング（フォアクロス1分間70往復・5分） ②バックハンドロング（バッククロス1分間70往復・5分） ③卓球台3分の2面フォアハンドドライブ対オールコートのブロック（5分×2） ④フォアへのロングサービス＋レシーブから左右のフットワーク（7.5分×2） ⑤ツッツキ（ストレートにツッツキ＋クロスにツッツキ5分交代）	**基本練習** ①フォアハンドロング（フォアクロス1分間65往復・5分） ②バックハンドロング（バッククロス1分間65往復・5分） ③卓球台2分の1面オールのブロック対フォアハンドドライブ（5分×2） ④フォアハンドドライブ（バッククロス）対バックブロック・（5分×2） ⑤ツッツキ（バック対バック・タイミング速く（5分） ⑥バックハンドドライブ対バックブロック（5分×2）	**基本練習** ①フォアハンドロング（フォアクロス1分間60往復・5分） ②バックハンドロング（バッククロス1分間60往復・5分） ③フォアハンドドライブ対ブロック（フォアクロス・5分×2） ④フォアハンドロング対ブロック（バッククロス・5分×2） ⑤ツッツキ（バック対バック・正確に入れる・5分） ⑥ドライブロングサービス練習・5分 ⑦下回転サービス練習・5分
9：15〜9：25	休憩		
9：25〜10：10	**フットワーク・切り替え練習** ①クロスへドライブロングサービス→バックハンド→回り込みフォアハンド→フォアに動いてフォアハンド（ファルケンベリフットワーク） ②フォア→ミドル（バックハンド）→ミドル（フォアハンド）→バックの切り替えし ③フォア前下回転のサービスレシーブから相手のバックブロック対全面オールのフットワーク練習	**フットワーク・切り替え練習** ①クロスへドライブロングサービス→バックハンド→回り込みフォアハンド→フォアに動いてフォアハンド（ファルケンベリフットワーク） ②フォア→ミドル（バックハンド）→ミドル（フォアハンド）→バックの切り替えし ③バック→ミドル（フォアハンド）→バック（バックハンド）→フォアへ動いてフォアハンドに切り替え練習	**多球練習**（各45秒） ①左右のフットワーク練習 ②バックハンド→回り込みフォアハンド→フォアに動いてフォアハンド（ファルケンベリフットワーク） ③フォア→ミドル→バック（フォアハンドで動く） ④バック→ミドル→フォア（フォアハンドで動く） ⑤フォアハンド→バックハンド1本1本の切り替え ⑥ツッツキボールをドライブ練習（フォアクロス） ⑦ツッツキボールをドライブ練習（バッククロス）
10：10〜10：20	休憩		

時間			
10:20 ～ 11:05	**課題練習** ①ハーフロング下回転サービス（バッククロス）→バックへツッツキ→回り込んでフォアハンド・ループドライブ（フォアミドルへ）→相手のフォア側にブロック→オール ②ハーフロング下回転サービス（バッククロス）→フォアへツッツキ→フォアに動いてフォアハンド・ループドライブ（フォアミドルへ）→相手のバック側にブロック→オール ③相手のフォアへロングサービス（横・上回転サービス）→全面にフォアハンド→両面で待って3球目攻撃→オール	**多球練習** ①左右のフットワーク練習 ②バックハンド→回り込みフォアハンド→フォアに跳びついてフォアハンド→戻ってミドルをフォアハンド ③バックハンドドライブ（ロングボールに対して） ④フォアハンドドライブ2本→バックハンドドライブ2本 ⑤奇数回はミドル、偶数回はフォア・バックどちらか ⑥卓球台全面へのツッツキボールをドライブ練習 ⑦フォア前のツッツキボールに対してフリックレシーブ	**基本練習（フットワーク練習）** ①左右のフットワーク練習（7.5分×2） ②ファルケンベリフットワーク（7.5分×2） ③奇数回でミドルの切り替え（7.5分×2）
11:05～11:15	休憩		
11:15 ～ 12:00	**多球練習** ①左右のフットワーク練習（1分間70往復） ②左右できるだけ大きく動き強打（1分間50往復） ③バックハンド→回り込みフォアハンド→フォアに跳びついてフォアハンド→戻ってミドルをフォアハンド ④全面フォアハンドドライブ（下回転のボールに対して） ⑤フォアドライブ2本→バックハンドドライブ2本 ⑥全面オールに来るロングボールに対して切り替え ⑦台上のボールの練習（フリック・ツッツキ・ストップ ⑧フォア前のツッツキボールに対してフリックレシーブ	**課題練習** ①ハーフロング下回転サービス（バッククロス）→バックへツッツキ→回り込んでフォアハンド・ループドライブ（フォアミドルへ）→相手のフォア側にブロック ②ハーフロング下回転サービス（バッククロス）→フォアへツッツキ→フォアに動いてフォアハンド・ループドライブ（フォアミドルへ）→相手のバック側にブロック ③相手のバックへロングサービス（横・上回転サービス）→バックにバックハンド→バックハンドで3球目攻撃	**課題練習** ①ハーフロング下回転サービス（バッククロス）→フォアへツッツキ→フォアに動いてフォアハンド・ループドライブ（フォアミドルへ）→相手のバック側にブロック ②相手のバックへロングサービス（横・上回転サービス）→バックにバックハンド→バックハンドで3球目攻撃 ③相手のフォアにロングサービス→（横・上回転サービス）→フォアクロスにフォアハンド→フォアに動いてフォアクロスにフォアハンド
12:00～12:10	休憩		
12:10 ～ 12:40	**ゲーム練習** （エスカレーター型アップダウン方式・数人で1ゲームリーグ戦など）	**ゲーム練習** （エスカレーター型アップダウン方式・数人で1ゲームリーグ戦など）	**ゲーム練習** （サービスのコースや種類を限定したゲームなどでもよい）
12:40～12:45	整理体操・ストレッチング・後片付け		

● 中学校卓球部練習計画の例（平日）

	上級グループ	中級グループ	初級グループ
16：00～16：15	準備体操、ランニング、ストレッチング、体幹トレーニング、コーディネーション・トレーニング、スポーツビジョン・トレーニング		
16：15～17：00	**基本練習** ①フォアハンドロング（フォアクロス1分間70往復・5分） ②バックハンドロング（バッククロス1分間70往復・5分） ③卓球台3分の2面オールのブロック対フォアハンドドライブ・5分×2 ④フォアへのロングサービス＋レシーブから左右のフットワーク・5分×2 ⑤ツッツキ（バック対バック・タイミングを速く・5分） ⑥サービス練習・ロングサービス5分・ショートサービス5分	**多球練習** ①左右のフットワーク練習 ②バックハンド→回り込みフォアハンド→フォアに跳びついてフォアハンド→戻ってミドルをフォアハンド ③バックハンドドライブ（ロングボールに対して） ④フォアドライブ2本→バックドライブ2本 ⑤奇数回はミドル、偶数回はフォア・バックどちらか） ⑥卓球台全面へのツッツキボールをドライブ練習 ⑦フォア前のツッツキボールに対してフリックレシーブ	**基本練習** ①フォアハンドロング（フォアクロス1分間60往復・5分） ②バックハンドロング（バッククロス1分間60往復・5分） ③フォアハンドドライブ対ブロック（フォアクロス・5分×2） ④フォアハンドロング対ブロック（バッククロス・5分×2） ⑤ツッツキ（バック対バック・正確に入れる・5分） ⑥ドライブロングサービス練習・5分 ⑦下回転サービス練習・5分
17：00～17：10	休憩		
17：10～17：55	**課題練習** ①フォア前のショートサービスを相手のバックへのフリックレシーブからバックブロック対卓球台全面のフットワーク練習（7.5分×2） ②フォアクロスのハーフロング下回転サービス→バックへツッツキ→回り込んでループドライブ（相手のミドルへ）→フォアへブロック→フォアに動いてフォアクロスへドライブ（7.5分×2） ③自分自身が必要だと思う技術の課題練習（7.5分×2）	**基本練習** ①フォアハンドロング（フォアクロス1分間65往復・5分） ②バックハンドロング（バッククロス1分間65往復・5分） ③卓球台2分の1面オールのブロック対フォアハンドドライブ・5分×2 ④バックハンドドライブ対ブロック（バッククロス・5分×2） ⑤ツッツキ（バック対バック・タイミングを速く・5分） ⑥サービス練習・ロングサービス5分・ショートサービス5分	**多球練習** ①左右のフットワーク練習 ②バックハンド→回り込みフォアハンド→フォアに動いてフォアハンド（ファルケンベリフットワーク） ③フォア→ミドル→バック（フォアハンドで動く） ④バック→ミドル→フォア（フォアハンドで動く） ⑤フォアハンド→バックハンド1本1本の切り替え ⑥ツッツキボールをドライブ練習（フォアクロス） ⑦ツッツキボールをドライブ練習（バッククロス）
17：55～18：00	整理体操・ストレッチング・後片付け		

参考文献

（公財）日本卓球協会編『卓球コーチング教本』大修館書店、2012

（公財）日本卓球協会『勝利を目指す前に大切なことがある』2014

荻村伊智朗、藤井基男『卓球物語─エピソードでつづる卓球の百年』大修館書店、1996

石垣尚男「スポーツビジョントレーニング」日本卓球協会編『卓球コーチング教本』pp176-179、大修館書店、2012

あとがき

　日本の学校におけるスポーツ部活動は、教育の一環として学習指導要領でその普及と強化が位置付けられ、世界でも珍しいシステムであることから、称賛を浴びています。

　子どもたちの「上手くなりたい」「強くなりたい」という気持ちに応えるために、日夜奮闘する多くの指導者の姿を長年見てまいりました。しかし、学校のスポーツ部活動の指導者は、必ずしも専門家ではなく、それ故に日々の指導に悩んでいる現状があります。

　そのような現状を踏まえ、卓球指導者として是非とも必要な基礎知識や技術を習得し、子どもたちの努力を後押していただくことを願って、本書を作成いたしました。スポーツ部活動に限らず、卓球クラブ・卓球教室など学校以外の場で初心者・初級者の指導をされる方々にも、参考にしていただける内容になっています。

　本書が、様々な悩みを抱えている日本中の多くの指導者の方々の一助となれば、執筆者の一人として望外の喜びです。

　2016年夏にリオデジャネイロで行われたオリンピック・パラリンピックでは、卓球日本代表選手の大活躍が、テレビをはじめとする様々なメディアで大きく取り上げられました。それに刺激を受けて、将来のチャンピオンになりたいと願う子どもたちが日増しに増えています。

私たちは、そうした子どもたちを教え、育て、見守り、サポートを続けたいと思っています。子どもたちの夢と希望を実現させるため、指導者の私たちも共に学んでいきましょう。これから新たに日本卓球協会の指導者資格を取得しようとしている皆様も、すでに指導者資格を取得して活躍している皆様も、一緒になって日本卓球界の発展のために、明るく、楽しく、頑張ってまいりましょう。

　最後に、本書の制作にご理解・ご協力をいただいた多くの皆様に対して、深く感謝の意を表します。

2017年1月

公益財団法人日本卓球協会　指導者養成委員会

吉 川　和 宏

●執筆者

葛西　順一	日本卓球協会理事・指導者養成委員会委員長	早稲田大学
池ヶ谷登喜雄	日本卓球協会指導者養成委員会副委員長	FLICK
今村　邦昭	日本卓球協会指導者養成委員会副委員長	ミナミ卓球ラボ
吉川　和宏	日本卓球協会指導者養成委員会委員	さいたま市立浦和南高等学校
石垣　尚男	日本卓球協会元スポーツ医・科学委員会委員	愛知工業大学
伊藤　大博	日本卓球協会事務局員	
江尻　雄一	日本卓球協会事務局員	
岡澤　祥訓	日本卓球協会元スポーツ医・科学委員会委員	大阪体育大学
久保　陽	日本卓球協会指導者養成委員会委員	同志社大学
木村　典代	日本卓球協会スポーツ医・科学委員会委員	高崎健康福祉大学
小林　敏子	日本卓球協会指導者養成委員会委員	
島富　義之	日本卓球協会指導者養成委員会委員	富岡西高等学校
関川　治郎	日本卓球協会指導者養成委員会委員	大成女子高等学校
髙木　珠江	日本卓球協会指導者養成委員会委員	慶誠高等学校
竹内　聡	日本卓球協会指導者養成委員会委員	北越高等学校
戸塚　鉄生	日本卓球協会指導者養成委員会委員	日本卓球実業団連盟
西谷　恵美	日本卓球協会指導者養成委員会委員	宮崎県日南学園高等学校
長谷部　攝	日本卓球協会指導者養成委員会委員	神奈川県湘南工科大学附属高等学校
深谷　純子	日本卓球協会指導者養成委員会委員	郡山女子大学附属高等学校
八島　功	日本卓球協会指導者養成委員会委員	青森県立弘前実業高等学校
若澤　幸弘	日本卓球協会指導者養成委員会委員	仙台育英学園

●写真撮影

仁禮　敏朗　　Person's

●イラスト作成

小松原礼次郎

卓球基礎コーチング教本
©Japan Table Tennis Association, 2017　　NDC783／viii, 137p／21cm

初版第1刷──2017年3月1日

編　者	公益財団法人日本卓球協会
発行者	鈴木一行
発行所	株式会社 大修館書店
	〒113-8541　東京都文京区湯島2-1-1
	電話 03-3868-2651（販売部）　03-3868-2299（編集部）
	振替 00190-7-40504
	［出版情報］http://www.taishukan.co.jp

装丁者	萩原　誠
組版	有限会社 秋葉正紀事務所
カバー写真	㈱卓球王国
印刷所	横山印刷
製本所	牧製本

ISBN978-4-469-26815-7　Printed in Japan

Ⓡ本書のコピー、スキャン、デジタル化等の無断複製は著作権法上の例外を除き禁じられています。本書を代行業者等の第三者に依頼してスキャンやデジタル化することは、たとえ個人や家庭内の利用であっても著作権法上認められておりません。